BURUSTA

BURUSTA

지식을 쌓으려면 통째로, 조목조목!

잡학사전 통조림

출판은 사람과 나무 사이에서 이루어지는 가치 있는 일입니다.
도서출판 사람과나무사이는 의미 있고 울림 있는 책으로 독자의 삶을
좀 더 풍요롭게 만들기 위해 최선을 다하겠습니다.

지식을 쌓으려면
통째로, 조목조목!

잡학사전 통조림

엔사이클로넷 지음 | 이정환 옮김 | 이강훈 그림

414가지 잡학 상식을 통조림으로 익히면
지적 대화가 가능해진다!

사람과
나무사이

"통조림"으로 지식을 익히면 '지식 습득'과 '지식 활용'을 넘어 '지식 창조'가 가능해진다!

효과적으로 지식을 익히려면 어떻게 해야 할까? '통조림'으로 익히라고 권해주고 싶다. '통조림'이 뭐냐고? '통째로—조목조목 지식 습득법'을 말한다. 즉, 유익한 지식이 담긴 책 한 권을 마치 숲을 보듯 세부 내용에 집착하기보다는 '통째로', 큰 틀을 먼저 파악하고 중심 내용을 이해하는 방향으로 습득하는 방식이다. 그런 다음 나무 한 그루 한 그루를 살피듯 세부 내용을 '조목조목' 짚어보는 것이다. 말하자면 이는 논리 훈련의 '연역법'에 가까운 지식 습득법이다.

반대로도 가능하다. 말하자면, '조목조목—통째로 지식 습득법'이다. 즉 먼저 숲에 들어가 나무 한 그루 한 그루를 꼼꼼히, '조목조목' 살펴보며 각각의 성질과 차이를 파악한 뒤 숲을 빠져나와 그 숲의 전체적인 윤곽과 특징을 간파(혹은 통찰)하는 방식이다. 이는 논리 훈련의 '귀납법'에 가까운 지식 습득법이다.

이 책의 내용으로 구체적인 예를 들어볼까? 일테면, 이런 식이다.

조목조목 질문 1

'지구인 80억 명이 한꺼번에 지르는 소리는 달까지 도달할까?'

조목조목 답변 1

지구를 뒤흔들어버릴 엄청난 소음은 달에 도달하지 못한다. 왜냐고? 지구와 달 사이에 대기, 즉 '공기'가 없기 때문이다. 소리는 기체와 액체 등 다양한 물질 속을 신나게 달리지만 대기가 없는 진공 상태에서는 한 발짝도 떼지 못한다.

조목조목 질문 2

'불을 끌 때 찬물과 뜨거운 물 중 어느 쪽이 더 효과적일까?'

조목조목 답변 2

불난 곳에 찬물을 끼얹으면 온도가 내려가 금세 불이 꺼질 것 같지만 화재 진압에 더 도움이 되는 것은 뜨거운 물이다. 왜 그럴까? 물을 끼얹었을 때 불이 꺼지는 이유는 불타고 있는 물체에 물이 닿으면 순간적으로 수증기가 발생해 가연성 물질을 덮어버리기 때문이다. 물이 닿은 물체는 '공기(산소)'가 공급되지 않아 불에 타지 않는 것이다. 또한 뜨거운 물은 찬물에 비해 점착성이 높다. 그래서 가연성 물체를 부드럽게 덮어주어 불이 옮겨붙지 못하게 한다.

통째로 지식

공기는 '소리'만이 아니라 '열'과 '불'을 전달하는 데에도 필수적이며 결정적 역할을 한다.

왜 '통조림'으로 지식을 익혀야 한다고 말하는지 이제 이해가 되나? 이런 식으로 '통째로—조목조목', 혹은 '조목조목—통째로' 지식 습득법에 익숙해지고 숙달되면 지식을 익히고 쌓아가는 일이 힘들고 고통스러운 과정이 아니라 하나의 흥미진진한 놀이가 된다. 그리고 당신은 차츰 단순한 '지식 습득'이나 '지식 활용'의 수준을 넘어 '지식 창조'의 단계까지 나아가게 될 수도 있다.

이 책 『잡학사전 통조림』이 당신의 지적인 생활을 위한 작은 '트리거'가 되기를 기대해본다.

아아아아
아아아~
형, 하품해?

차례

1장 신기방기한 과학통조림

탕
씽

2장
매콤새콤달콤 단짠단짠 음식통조림

3장
주머니가 두둑해지는 돈 · 직업통조림

4장
아이큐를 높여주는 언어통조림

5장
오묘하고 신비로운 인체통조림

6장
사통팔달 종횡무진 세상만사통조림

7장
실속만점 가성비짱 **생활상식통조림**

8장
천태만상 시끌벅적 **동물통조림**

9장
흥미만점, 아드레날린 폭발하는 스포츠통조림

1장
신기방기한
과학통조림

001
바닷물은 투명한데 바다는 왜 파랗게 보일까?

바닷물을 두 손 가득 담아보면 무색투명한 것을 알 수 있다. 그런데 바다 전체는 왜 파랗게 보일까?

이것은 우리의 색깔 인식과 관련 있다. 빛이 사물에 닿았을 때 발생하는 파장 길이는 모두 제각각이다. 사람은 이 파장을 감지해 색깔로 인식한다. 사람 눈에는 파장이 긴 것일수록 붉게 보이고 짧은 것일수록 파랗게 보인다. 즉 바다 전체는 짧은 파장을 낸다는 것인데, 이는 바닷물에 염류·미네랄 등 다양한 물질 입자가 대량으로 포함되어 있기 때문이다. 바다로 들어간 빛은 부서지고 깨지면서 짧은 파장의 빛을 뿌린다. 짧은 파장으로 가득 차 있기 때문에 바다가 파랗게 보이는 것이다.

002
바닷물은 어떻게 만들어졌을까?

지구 표면적의 70퍼센트는 바다다. 그 총량은 13억 5,000만 세제곱킬로미터에 이른다. 모두 지구가 토해낸 물이다.

지구 탄생과 관련해서는 여러 가지 설이 있다. 현재 가장 유력한 것은 46억 년쯤 전 태양 주위 미행성이 서로 뭉치고 충돌하는 가운데 생겨났다는 이론이다.

처음에 지구는 엄청나게 뜨거운 마그마 같은 상태였다. 충돌할 때 발생한 열 때문에 광물까지 모두 녹아버렸기 때문이다. 이후 지구 온도가 수백만 년에 걸쳐 식으면서 지각이 만들어졌고, 지각 변동이 있을 때 지각 아래 갇혀 있던 물이 방출되었다. 대기로 방출된 물이 응결해 구름을 형성하고 비가 되어 내림으로써 지구 표면에 커다란 물웅덩이가 생겨나기 시작했다. 이렇게 '원시 해양'이 탄생한 이후 오랜 시간에 걸쳐 지금과 같은 넓은 바다가 이루어졌다.

지금 이 순간에도 지구는 여전히 물을 토해내고 있다. 잠수정을 이용해 깊이 2,500~4,000미터 해저를 탐사한 결과 해저 산맥(海嶺) 여기저기에서 뜨거운 물이 분출되고 있었다. 해양학자들은 바닷물의 양이 매년 조금씩 증가한다고 본다.

003 호수의 투명도는 어떻게 측정할까?

호수의 투명도를 계측하는 방법은 어느 나라든 비슷하다. 계측 기구는 지름 30센티미터 정도의 끈이 달린 하얀 원판뿐. 계측하는 사람은 배를 저어 호수로 들어가 수심이 깊은 장소에 배를 멈춘다. 그리고 원판을 수면과 평행으로 유지한 채 호수 바닥으로 들어간다. 계측하는 사람이 육안으로 원판을 볼 수 없게 되었을 때 그 깊이가 호수의 투명도 수치가 된다.

004
흙은 왜 갈색일까?

흙은 암석이 수만 년에 걸쳐 변화한 것이다. 지표 부근 암석이 공기와 빗물 등에 노출되면서 물리적·화학적 작용으로 부서진 것이 흙이다. 이것이 '풍화(風化)' 현상인데, 여기에서 한 가지 의문이 생긴다. 암석은 대부분 검은색인데 흙은 갈색에 가깝다. 원래 같은 것인데 왜 색깔이 다를까?

나뭇잎 등 식물이 썩어서 퇴적한 데다 풍화 과정에서 암석에 포함되어 있던 철분의 '원소 조직 성분'이 변화했기 때문이다. 암석에 포함된 철분은 대부분 이가(二價) 철이다. 이가 철이 검은색이기 때문에 암석도 검게 보인다. 그러나 이가 철은 물과 산소를 만나 산화제일철(酸化第一鐵)이나 산화제이철(酸化第二鐵) 등으로 변화한다. 흙을 구성하는 이들 철은 모두 붉은색에서 갈색 계통 색깔을 띠고 있다. 그래서 흙은 갈색으로 보인다.

005
돌도 썩을까?

지질학 용어 중 '썩은 돌'이라는 말이 있다. 돌은 유기물이 아니기 때문에 돌이 비록 썩는다고 해도 음식물이 부패하는 것과는 그 의미가 다르다. 지표 부근 돌은 오랜 세월 동안 태양,

비바람, 공기 등에 노출되어 물리적, 화학적 작용으로 조금씩 부서진다. 이러한 풍화 작용이 1억 년 이상 이어지면 단단하고 강했던 돌도 부드러워진다. 풍화가 진행된 돌은 겉으로 보기에는 단단한 것 같지만 막대기 등으로 살짝 건드리기만 해도 힘없이 부서진다. 이런 현상을 보이는 것을 '썩은 돌'이라고 부른다.

006 북극보다 남극이 왜 더 추울까?

북반구에 사는 사람들은 북쪽은 춥고 남쪽은 따뜻하다고 생각한다. 그래서 북극이 남극보다 추울 것이라고 여기지만 실제로는 정반대다.

북극곰
미처 몰랐습니다, 형님!
존경합니다!
?
남극펭귄

북극의 연평균 기온은 영하 30도. 더 내려간다고 해도 영하 60도 정도에 그친다. 반면 남극은 연평균 기온이 영하 70도이고 최저 기온으로 내려갔을 때 영하 89.2도를 기록하기도 했다.
북극보다 남극이 추운 이유로 두 가지를 들 수 있다. 우선, 남극이 육지이기 때문이다. 육지는 햇살을 받아 따뜻해지기 쉬운 대신 식기도 쉽다. 따라서 1년의 절반 동안 이어지는 어두운 겨울이 찾아오면 온도가 급격히 내려간다. 한편 북극은 얼음 대륙으로 그 아래로 바닷물이 흐른다. 물은 육지와 반대로 따뜻해지기 어렵지만 차갑게 식기도 어렵다. 그 물이 난방 작용을 해서 북극은 겨울에도 남극만큼 춥지 않은 것이다.

007 다리 위는 왜 얼기 쉬울까?

맑게 갠 겨울 아침, 이른 시간일수록 다리 위를 달리는 운전자는 미끄러지지 않도록 집중해야 한다. 다리 앞뒤 노면이 완전히 말라 있더라도 다리 위 노면은 동결되어 있을 가능성이 높기 때문이다.
이것은 '결로 동결' 현상이다. 추운 날 유리창 안쪽이 하얗게 흐려지는 것이 결로(結露)다. 실내의 따뜻한 수증기가 차가운 유리창에 닿아 엉기며 나타나는 현상이다. 이때 유리창 온도가 어는점 아래일 경우 응결된 수증기는 다시 얼어붙는다. 이와 마찬가지 현상이 다리 위에서도 발생한다.

다리는 공중에 떠 있기 때문에 일반 도로처럼 땅속으로부터 열을 공급받을 수 없다. 더구나 복사냉각 때문에 열을 빼앗기기 쉽다. 따라서 다리 노면 온도가 내려가 주변 대기 온도와 10도 가까이 차이 나는 경우도 많다. 이 온도 차가 다리 노면을 얼어붙게 하는 범인이다. 대기 속 수증기나 안개가 차가워진 다리 노면에 달라붙어 얇은 얼음막을 형성하는 것이다. 결로 동결은 호수나 강을 지나는 다리뿐 아니라 육교에서도 발생하므로 보행자 역시 조심해야 한다.

008

추운 날 오히려 스케이트가 잘 나아가지 않는 이유는?

스케이트 링크는 날씨에 따라 링크 상태가 달라지는데, 심하게 추운 날에는 모든 상태가 나빠진다. 스케이트를 타고 미끄러지듯 나아가면 에지(edge, 얼음 면에 닿는 금속 부분)와 얼음이 접촉하며 마찰열이 발생한다. 이 열이 얼음 표면을 녹여 수막(水膜) 완충대가 형성되고 그 때문에 스케이트 날이 얼음판 위에서 부드럽게 미끄러지게 된다.

하지만 공기나 얼음 온도가 극단적으로 낮을 때에는 에지와 얼음이 접촉해도 마찰열이 별로 발생하지 않는다. 그런 경우 수막이 형성되기 어려워 얼음을 지치기 힘들어진다.

009
한랭전선이 지나가면 왜 장의사가 바빠질까?

한랭전선이 지나가면 기압, 기온, 습도, 풍향, 풍력이 크게 바뀐다. 기온이 갑자기 전날보다 10℃ 이상 떨어지며 한파주의보 등이 내려지기도 한다. 그러면 체력이 약한 노인이나 질병을 앓고 있는 환자들에게 뇌출혈이나 심장 발작이 발생할 확률이 높아진다. 뇌출혈이나 심장 발작 등은 죽음으로 직결되기 쉬워 장의사가 바빠지는 것이다.

010
여성이 아름답게 보이는 날씨는?

여성은 비 오는 날 더욱 아름답게 보인다. 사람 몸의 70퍼센트는 수분이다. 몸속 물은 영양분을 머리부터 발끝까지 구석구석 보내고 불필요한 것을 몸 밖으로 운반하는 중요한 역할을 한다. 그런데 비 오는 날에는 공기 속 습기가 피부에 윤기를 더하고 세포 속 수분도 채워준다. 그 때문에 촉촉하고 탄력 있는 피부를 유지할 수 있어 화장이 들뜨지 않고 자연스럽게 스며든다.

한편 도시에서는 먼지와 배기가스를 빗물이 씻겨내 공기가 깨끗해진다. 이 역시 여성을 아름답게 보이게 한다.

우산 좀 가져오지...
아...아름다우십니다!

011

제비가 낮게 날면 비가 내린다?

"제비가 땅에 닿을 정도로 낮게 날면 비가 내릴 징조"라는 말이 있다. 그런데 제비는 비를 예상하고 낮게 나는 것이 아니다. 이는 제비 먹이인 벌레와 관련 있다.

5~6월, 알에서 깨어난 새끼를 위해 제비는 열심히 곤충을 잡아 둥지로 운반한다. 이때 기압이 낮아져 습도가 높아지면 벌레가 더 많이 나타난다. 그러면 제비는 먹이를 잡는 데 온 신경을 집중하며 지면 근처를 낮게 비행한다. 이런 제비를 발견할 무렵 저기압의 영향으로 비가 내리기 시작한다.

012
태풍 크기와 강도의 관계는?

태풍은 강풍, 호우, 산사태 등 다양한 피해를 낳는다. 태풍이 많이 발생하는 계절에는 태풍 정보에 귀를 기울이고 재해 방지를 위해 철저히 대비해야 한다. 태풍 정보와 관련해, 대형 태풍은 무섭지만 소형이라면 괜찮다는 식으로 태풍 크기에만 신경을 쓰기 쉽다. 그런데 이는 잘못된 판단이다.

태풍 크기는 태풍 세력이 미치는 범위를 말하며 태풍 강도는 최대 풍속으로 구분한다. 태풍 강도는 다섯 단계로 분류된다. 풍속 17~24㎧는 약(간판 날아감), 풍속 25~32㎧는 중(지붕 날아감), 풍속 33~43㎧는 강(기차 탈선), 풍속 44~53㎧는 매우강(사람, 커다란 돌 날아감), 풍속 54㎧ 이상은 초강력(건물 붕괴)이다. 크기가 초대형(강풍 반경 800㎞ 이상)이면서 약한 태풍도 있고 소형(강풍 반경 300㎞ 미만)이면서 초강력인 태풍도 있다. 태풍 정보에 있어 더 중요한 것은 강도다. 즉 최대 풍속에 주의해야 한다.

013
왜 따뜻한 계절에 차가운 우박이 떨어질까?

우박은 5월에 가장 많이 떨어진다. 그래서 밭에서 막 자라난 싹이 피해를 보는 경우가 많다. 왜 우박은 봄에서 초여름에 걸쳐 비교적 따뜻한 계절에 자주 내리는 걸까?

우박은 중심에 가느다란 얼음 결정이 있고 거기에 물방울이 달라붙어 있는 얼음덩어리로 이루어져 있다. 그 주위에 눈이 달라붙어 커졌다가 다시 물방울이 달라붙는 사이클을 되풀이하면서 커다란 얼음덩어리가 된다. 즉, 우박이 만들어지려면 수증기를 많이 포함하고 있는 상승기류 속에 차가운 공기와 따뜻한 공기가 섞여 있는 상태가 필요하다. 특히 소나기구름이 발생했을 때 우박이 함께 내리는 경우가 많은데, 소나기구름의 격렬한 상승기류 속에서 따뜻한 공기와 차가운 공기가 섞여 우박이 쉽게 만들어지기 때문이다.

014 소나기가 쏟아질 때 덜 젖으려면 달려야 할까 걸어야 할까?

우산이 없는데 갑자기 소나기가 쏟아지기 시작했다. 100미터쯤 앞에 있는 편의점에 가면 우산을 살 수 있다. 이 경우 바람이 불지 않으면 달려가는 편이 조금이라도 덜 젖을 수 있다. 바람이 없는 상태에서 비가 올 때는 머리 위에서 떨어지는 비와 몸 앞쪽에서 맞는 비에 젖는다. 몸 앞쪽에서 맞는 비는 '아직 땅에 떨어지지 않은, 공중에 떠 있는 빗방울'이다. 달리든 걷든 '몸 앞쪽 면적×이동 거리' 공간에 있는 빗방울은 결국 몸 앞면에 닿는다.

한편, 머리 위에서 떨어지는 비는 머리를 위에서 내려다 본 면적에 계속해서 떨어진다. 따라서 그 양은 빗속에 있는 시간이 길수록 증가한다. 결론적으로, 소나기가 쏟아질 때는 달려가는 편이 덜 젖는다.

015 비행기구름이 나타나면 비가 내린다?

비행기구름은 엔진에서 나오는 배기가스와 수증기가 만나 발생한다. 대기 온도가 낮고 습도가 높을 때 만들어지기 쉬우며 대기가 건조할 때는 만들어져도 즉시 사라진다. 그러므로 비행기구름이 하늘에 남아 있는 것은 하늘에 습기가 많다는 증거로, 곧 날씨가 흐려져 비가 내릴 가능성이 높다.

단, 비행기구름은 상당히 높은 고도에서 생성되기 때문에 높은 하늘에 습기가 많을지라도 지상 날씨에 영향을 주지 않을 수 있다.

016 유성은 어떻게 만들어질까?

밝은 빛을 내뿜으며 밤하늘을 가로지르는 유성. 그 모습을 보고 로맨틱한 상상을 하는 이들은 유성의 정체를 알고 나면 크게 실망할 것이다.

유성은 우주의 먼지, 즉 우주의 쓰레기다. 우주 공간에는 크고 작은 다양한 우주먼지가 수없이 떠돌아다니는데 그 일부가 지구 인력에 이끌려 대기권 안으로 들어온다. 그때 대기와 격렬히 마찰하며 우주먼지가 불탄다. 이것이 지상에서는 마치 별이 찬란히 빛나면서 떨어지는 것처럼 보이는 것이다. 이게 바로 유성이다.

유성이 되는 우주먼지는 대부분 지름이 몇 밀리미터밖에 되지 않는다. 그래서 상공에서 타올라 사라져버린다. 간혹 큰 먼지가 불타면서 떨어져 내리기도 하는데, 이것이 운석이다.

017 별은 왜 빛날까?

밤하늘을 아름답게 수놓는 별은 대부분 스스로 빛과 열을 내는 '항성'이다. 지구가 속한 우리 은하에 항성이 몇 개 있는지 그 명확한 수치를 알 수는 없으나 현재로서는 1,000억 개에서 4,000억 개 사이로 추정한다. 그런데 항성이 빛나는 것은 그 자체가 불타고 있기 때문이 아니다.

간단히 정의하면 '항성은 온도가 높은 가스로 이루어진 구체'라고 할 수 있다. 구체 중심부는 중력 때문에 가스 농도가 엄청나게 짙고 '핵융합'이라는 격렬한 화학 반응도 일어난다. 가스에 포함된 수소의 원자핵이 네 개씩 결합해 잇달아 헬륨의 원자핵으로 변하는데 이때 빛이나 열 같은 에너지를 방출한다. 즉, 별은 거대한 수소폭탄이 끊임없이 폭발하고 있는 것과 같다. 그렇기 때문에 아주 멀리서도 그 빛을 볼 수 있는 것이다.

018
멀리 떨어져 있는 별의 온도를 어떻게 측정할까?

지구에서 멀리 떨어진 별의 온도는 별이 발산하는 빛의 색깔을 바탕으로 추정한다. 양초의 붉은 불꽃보다 가스난로의 파란 불꽃이 온도가 높듯 별의 온도도 온도가 낮은 쪽에서 높은 쪽으로 갈수록 빨강, 파랑, 하양으로 보인다. 천문학자는 이 방법을 응용해 별빛을 분광기에 통과시키고 거기서 만들어지는 스펙트럼으로 온도를 측정한다.

019
빛은 직진하는데 번갯불은 왜 지그재그로 칠까?

빛은 직진한다. 그런데 번갯불은 왜 지그재그로 구부러질까? 번갯불은 빛이 아니라 '전기'이기 때문이다.

소나기구름에서 흘러나온 전기는 불꽃을 뿌리면서 대기 속을 나아간다. 그 '전자의 흐름'을 멀리서 보고 있으면 마치 빛이 지

어이쿠
쿵
아야!
쿵
에구구
죄송합다!
쿵
이크!
쿵
으악
쿵
아아악!
도착!
휴~

그재그로 진행하는 것처럼 보인다. 전자의 흐름이 직진하지 않는 이유는 대기 속에 산소와 질소 등 여러 가지 원소와 화합물의 원자와 분자가 존재하기 때문이다. 전자를 비롯한 그런 물질이 충돌할 때마다 불꽃이 인다. 그렇게 충돌하면서도 전자는 저항이 좀 더 적은 길을 나아가려 하기 때문에 지그재그를 그리면서 하강하는 것이다.

만약 대기 중에 아무런 장애가 없다면(진공이라면) 전자는 곧장 나아간다. 그러면 불꽃이 발생하지 않기 때문에 번갯불도 보이지 않는다.

020 우주에서도 라디오를 들을 수 있을까?

AM 방송은 무리지만 FM 방송이라면 우주에서도 들을 수 있다.

3~30㎒ 주파수대의 전파를 사용하는 단파방송과 300~3,000㎑ 주파수대인 중파방송(AM 방송이 여기에 속한다)은 지구 주위에 있는 전리층에서 반사된다. 전리층과 지표 사이 반사를 되풀이하며 멀리까지 도달하는 원리다.

한편 FM 방송이 속한 30~300㎒ 주파수대의 초단파방송은 전리층에서 반사하지 않고 우주로 뻗어나간다. 그 때문에 파가 직접 도달하는 가까운 우주에서도 방송을 들을 수 있다.

021
태양 지름을 어떻게 측정할까?

태양 지름을 측정하는 방법은 여러 가지다. 그중 개기일식을 바탕으로 계산하는 방법이 가장 정확한 것으로 알려져 있다. 일식이 시작되어 태양이 달에 완전히 숨는 순간부터 태양의 끝이 나타나는 순간까지의 시간을 측정하는 것이다. 하지만 일식이 일어나는 장소가 달의 산에 해당하면 개기일식 시간이 조금 더 늘어나고 계곡에 해당하면 짧아진다. 즉, 오차가 발생할 가능성이 있다. 그래서 일식을 여러 차례 관측하고 그 수치를 비교하며 오차를 수정해서 태양 크기를 산출해낸다.

022
화성의 산 높이를 어떻게 측정할까?

화성에는 높이 21.9킬로미터나 되는 사화산 올림푸스(Olympus Mons)가 있다고 알려져 있다. 지름이 지구의 절반밖에 되지 않는 화성에 에베레스트 높이의 세 배 가까운 어마어마한 산이 있는 것이다. 그런데 화성에 있는 산의 높이를 어떻게 측정했을까?

몇 가지 계측 방법 가운데 가장 간단한 것은 인공위성에서 빛이 산란하는 모습을 관측하는 방법이다. 산 정상에는 대기 양이 적고 낮은 지대로 갈수록 대기 양이 많다. 그 때문에 빛의 산란 상태가 다르다. 그 차이를 바탕으로 산의 높이를 산출해내는 것이다. 인공위성이 찍은 사진 속 그림자로 화성의 산 높이를 측정하는 방법도 있다. 태양 빛이 산에 닿으면 그림자가 생기며, 그림자 길이를 측정하면 삼각함수로 산의 높이를 알 수 있다.

023
지구인 80억 명이 한꺼번에 지르는 소리는 달까지 도달할까?

2022년 현재 세계 인구는 80억 명 정도다. 이 모든 인류가 오스트레일리아 평원이나 티베트 같은 넓은 장소에 모여 달을 향해 일제히 고함을 지르면 어떻게 될까?

그야말로 소리 폭탄일 것이다. 거대한 음향이 대지를 흔들고 모든 이의 고막을 파괴할 것이다. 목숨을 잃는 사람이 나올 수도 있다. 그러나 지구를 뒤흔들어버릴 엄청난 소음은 달에 도달하지 못한다. 설사 초고성능 마이크를 동원한다고 해도 지구인의 고함소리는 결코 달에 도달할 수 없다.

이유는 단순하다. 지구와 달 사이에 대기가 없기 때문이다. 소리는 기체와 액체 등 다양한 물질 속을 달린다. 따라서 대기가 없는 진공 세계에서는 소리가 전달되지 않는다. 고함소리가 도달하는 것은 대기권 안쪽뿐일 것으로, 고도는 기껏해야 700킬로미터까지다.

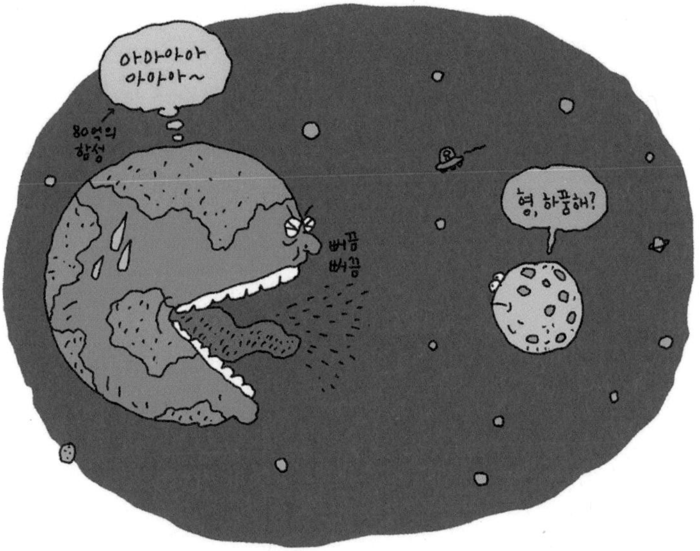
아아아아아
아아아~
80억의
함성
뻐끔
뻐끔
형, 하품해?

024 지구는 몇 명까지 먹여 살릴 수 있을까?

어떤 학자가 '지구는 최대 몇 명을 먹여 살릴 수 있는 행성일까?' 하는 문제를 파고들었다. 현재 지구의 11퍼센트 정도인 농경지를 25퍼센트로 늘리고 면적당 수확량이 높은 농작물, 예를 들면 벼를 심는다. 또 동물성 단백질 공급원으로 가장 효율성이 좋은 돼지를 기르고 성인 1인당 먹는 양을 하루에 2,500킬로칼로리로 제한한다. 이런 조건을 갖춘다면 최대한 360억 명을 먹여 살릴 수 있다는 결론이 나왔다.

그러나 지구의 농경지가 11퍼센트 정도가 되기까지 1만 년 넘는 시간이 필요했다. 그래서 농경지를 두 배 이상으로 늘리는 것은 결코 쉬운 일이 아니다. 말하자면 360억 명이라는 것은 어디까지나 책상머리에서의 계산일 뿐 실제로는 최대한 노력을 해도 100억 명이 한계다.

025 비행기를 타고 우주 공간을 날 수 있을까?

세계에서 가장 빠른 초음속 여객기 콩코드. 1976년 세계 최초 상업운항을 개시한 콩코드의 최대순항속도는 마하 2.04, 시속으로 환산하면 2,500킬로미터(일반 여객기는 시속 950킬로미터)였다.

2003년 마지막 비행을 끝으로 콩코드 운항이 중단된 이후 항공업계에서는 끊임없이 차세대 초음속 비행기를 개발해왔다. 머지않아 마하 5정도, 즉 시속 6,100킬로미터로 순항할 수 있는 초음속 비행기가 실용화할 것이라고 한다. 그런 초음속 비행기라면 대기권 밖으로 나갔다가 돌아올 수 있지 않을까?

절대 불가능하다. 많은 이유를 들 수 있지만 가장 결정적인 이유로 비행기 연료인 가솔린을 꼽을 수 있다. 가솔린은 산소가 없으면 연소하지 않는다. 따라서 산소가 없는 우주에 진입하면 비행기 엔진이 정지해버릴 것이다. 우주를 날기 위해서는 산소를 사용하지 않는 연료로 날아갈 수 있는 로켓이어야 한다.

026 무중력 상태에서도 체중을 잴 수 있을까?

우주는 무중력 공간이지만 NASA에서는 연구를 위해 우주비행사의 체중을 측정한다. 방법은 의외로 간단하다.

우선 우주비행사의 몸을 의자에 고정한다. 의자는 짧은 레일을 따라 미리 정해놓은 강도에 맞추어 용수철로 가속된다. 이때 가속도를 전자장치로 측정하면 의자에 앉아 있는 사람의 체중을 계산할 수 있다. 뉴턴이 발견한 F=ma(힘=질량×가속도) 역학 공식이 있다. 이 경우 F는 의자를 가속시키는 용수철의 강도, a는 가속도다. 이 두 가지를 알면 m으로 표시되는 질량(우주비행사의 체중)을 알 수 있다.

027 미스터리서클의 정체는?

끝없이 펼쳐진 밀밭 등에 나타나는 원형 '미스터리서클'은 자연현상과 장난이 빚어낸 것이다.

이 원형이 주목받게 된 것은 1978년. 영국 남부 밀밭에서 원형 무늬 몇 개가 발견되었다. 큰 원의 지름은 10미터 가까이 되었으며 밀이 소용돌이 모양으로 쓰러져 있었다. 이를 매스컴에서 '미스터리서클'이라고 보도한 이후 전 세계 곳곳에서 미스터리

미스터리서클은 우리 동아리 이름이재.
헐헐, 이거 죄다 우리가 만든 거여.
우리가 둘다 이(李)가 거든 그래서 Mr.Lee 서클.
촬영은 당근 드론으로 하재.

서클이 발견되었고 UFO나 우주인을 보았다는 사람들도 나타났다. 하지만 1991년 9월 영국 예술가 두 명이 이를 자신들의 '장난'이라고 밝히고는 매스컴 앞에서 나무판자를 밟아 서클을 만들어 보였다. 한편 자연현상이 만들어낸 미스터리서클도 있다. 공기가 전기를 띠면서 발생한 플라스마가 지상에 떨어져 원을 그린 것, 회오리바람이 그려낸 것 등으로 설명한다.

028
전구는 왜 검게 변할까?

전구를 사용하다 보면 안쪽에 그을음 같은 검은 얼룩이 생긴다. 그러나 그것은 그을음이 아니다. 전구 내부의 필라멘트에는 열에 강한 텅스텐이 사용되는데 아무리 열에 강하다고 해도 장기간 사용하면 조금씩 녹는다. 녹은 텅스텐은 증발하지만 그 증기가 전구 안쪽에 달라붙어 검은 얼룩으로 남는 것이다.

029 1초 길이는 어떻게 정해졌을까?

국제도량형위원회에서 채택된 단위를 국제단위계(SI, Système international d'unités)라고 한다. 그중 시간의 기본 단위는 1초다. 사실 1초의 정의는 지금까지 세 번이나 바뀌었다. 처음에 1초는 하루 평균 태양일, 즉 적도 위를 움직이는 가공의 태양에 대해 지구가 자전하는 시간(간단히 말해 하루의 길이)을 24(시간)×60(분)×60(초)로 나눈 길이로 정했다. 그러나 곧 지구의 자전속도가 약간씩 늦어진다는 사실이 밝혀졌다. 그래서 지구 공전주기를 기준으로 산출된 숫자로 개정되었다. 그런데 절대로 변할 리 없다고 여겨지던 공전주기도 200년에 0.5초 정도 짧아진다는 사실이 밝혀졌다.

이렇게 해서 1967년에 '절대로 변하지 않는' 기준으로 세슘-133 원자가 발하는 스펙트럼(빛을 분해해 파장 순서로 늘어놓은 것)을 선정했다. 그리고 그 주파수인 약 92억 헤르츠의 길이를 1초로 정의했다.

030
1미터 길이는 어떻게 정해졌을까?

국제단위계(SI)에서 길이의 기본 단위는 1미터다. 1미터의 정의도 네 번 바뀌었다.

처음에는 '적도에서 북극까지 자오선의 1,000만분의 1'이었다. 그러자 나라마다 측량 수치에 차이가 발생했다. 그래서 백금과 이리듐 합금으로 '국제미터원기(原器)'를 만들고 1875년에 '미터원기의 두 선 사이 길이를 기준으로 삼는다'는 미터법을 조인했다. 하지만 금속제 표준기는 기온에 따른 금속의 팽창과 눈금의 미묘한 오차 등이 생겨나 정확하지 않다는 사실이 판명되었다.

이 문제를 해결하기 위해 1960년에 크립톤 원자를 이용해 미터를 새로 정의했다. 즉 '미터는 크립톤 86 원자가 발하는 빛의 파장을 기준으로 삼는다'라고 했다. 이 역시 문제가 있었다. 금속제 표준기보다는 정밀도가 높았지만 100만분의 1의 오차가 나왔기 때문이다.

각국 학자들은 다시 논의에 들어갔다. "현대 사회의 지혜를 모아 영원히 변하지 않는 확실한 기준을 마련하자!"라며 기치를 높인 학자들은 1983년에 광속을 기준으로 미터를 정의하기로 했다. '1미터는 진공에서 빛이 2억 9,979만 2,458분의 1초 동안 이동한 거리다.' 오늘날 1미터 길이는 이렇듯 진땀나는 과정을 거쳐 확정된 것이다.

031
달리는 자동차에서 뛰어내려야 할 때 더 안전한 방향은?

자동차 운전 중 갑자기 브레이크와 핸들이 말을 듣지 않는다. 이대로 있다가는 자동차와 함께 벼랑 아래로 추락한다! 어떻게 해야 할까?

달리는 자동차에서 뛰어내릴 수밖에 없다. 이때 자동차 진행 방향으로 뛰어내리는 것은 무척 위험하다. 자동차에서 떨어진 몸은 '관성의 법칙'에 의해 자동차와 같은 속도로 계속 나아가려 하기 때문이다. 즉, 몸은 속도가 더 붙어서 땅바닥에 세게 부딪히게 된다.

그러므로 자동차가 진행하는 방향과 반대 방향으로 뛰어내려야 한다. 그러면 자동차가 달리는 속도와 몸이 나아가려는 속도가 서로 상쇄되어 몸이 땅바닥에 떨어질 때 가해지는 충격을 줄일 수 있다.

또 한 가지 중요한 것은 뛰어내릴 때 몸의 방향이다. 자동차 진행 방향을 등지고 뛰어내리면, 즉 내가 뛰어내릴 자동차 진행의 반대 방향을 바라보면서 뛰어내리면 착지와 동시에 뒤로 넘어지며 머리를 부딪칠 수 있다.

정리하면 다음과 같다. 달리는 자동차에서 뛰어내릴 수밖에 없는 급박한 상황에서는 자동차 진행 방향을 바라보면서 자동차 진행 반대 방향으로 뛰어내리는 게 가장 안전하다.

032

달리는 자동차에서 뒤쪽으로 총을 쏠 때 자동차와 총알 속도가 같다면?

달리는 자동차 창문이 스르르 열리더니 저격수가 몸을 내밀고 뒤따르는 차를 향해 권총을 쏘았다. 이때 저격수가 타고 있는 차와 총알의 속도가 똑같다면 길가에서 그 장면을 본 목격자의 눈에 총알은 어떻게 보일까?

자동차 속도를 A, 총알 속도를 a라고 해보자. 자동차 진행 방향과 총알 진행 방향은 서로 반대니까 총알은 a—A 속도로 뒤쪽으로 날아간다. 그런데 속도가 같으므로(a=A) a—A=0이다. 이 수식대로라면 목격자는 총구에서 발사된 총알이 땅으로 떨어지는 모습을 보게 된다.

물론 현실에서는 일어날 수 없는 일이다. 왜냐하면 권총 총알의 평균 속도는 초속 600미터, 시속으로는 2,160킬로미터다. 시속

어라?
신기하네?
내가 지금 시속 2500km로 달리고 있다는 사실이 더 신기해!
탕
쌩
톡톡

2,500킬로미터로 날아가는 초음속 비행기 콩코드라면 몰라도 자동차에서 쏜 총알이 땅으로 떨어지는 일은 있을 수 없다.

033 정유소 굴뚝에서는 왜 불꽃이 타오를까?

굴뚝은 물건을 태웠을 때 발생하는 연기를 하늘 높이 배출하는 장치다. 그런데 정유소 굴뚝에서는 연기가 나오지 않는다. 연기 대신 오렌지색 불꽃을 내뿜는다. 왜 그럴까?

정유소에서는 원유를 증류하여 성분을 분해해서 가솔린, 등유, 경유 등을 만든다. 증류 과정에서 이용할 수 있는 성분을 모두 빼내면 마지막으로 분자가 작은 메탄 같은 탄화수소 가스가 남는다. 그런데 이런 가스는 무척 성가신 존재다. 폭발하기 쉬워서 즉시 처리하지 않으면 위험하기 때문이다. 가스를 급속 냉각해서 회수하는 방법이 있지만 비용이 막대하다. 그래서 가스를 그대로 굴뚝으로 내보내 주위에 인화 물질이 없는 공중에서 불태워 분해하는 것이다.

034 모닥불에 감자를 구우면 다이옥신이 나올까?

다이옥신은 환경을 오염시키는 무서운 물질이다. 발암 원인, 생식 장애, 호르몬 이상 등 인체에 많은 영향을 끼친다. 다이옥신은 주로 쓰레기 소각장이나 화학공장에서 발생하지만 일반인도 다이옥신을 만들어내곤 한다. 예를 들어 낙엽과 검불을 그러모아 모닥불을 피우고 감자와 고구마를 구워 먹으면 정말 맛있다. 그러나 이것은 위험한 행동이다.

다이옥신은 염소를 포함한 물질을 비교적 저온으로 불태웠을 경우에 발생하기 쉬운데 나뭇잎 안에는 염소가 많이 포함되어 있다. 느티나무 잎을 모아 실험한 결과, 모닥불을 피우면 쓰레기 소각로에서 태울 때보다 220배나 많은 다이옥신이 발생했다. 양으로 따지면, 낙엽을 태웠을 때 발생하는 다이옥신은 같은 양의 염화비닐을 태우는 것에 비하면 800분의 1에 불과하지만 그래도 도시 환경을 해치는 원인이 된다.

035
정전기가 발생하기 쉬운 것은 체질 탓일까?

사물을 구성하는 원자 주위에는 전자가 있다. 사물과 사물이 접촉하면 양쪽의 전자가 오가는데 그때 마찰에 의해 발생하는 전기가 정전기다. 말하자면 몸이 물체에 닿을 때 항상 정전기가 발생하는 것이다.

하지만 대기 속에 전기를 전달하기 쉬운 수분이 포함되어 있으면 발생한 정전기는 그곳으로 도망간다. 그런데 겨울에는 공기가 건조해 정전기가 도망가기 어렵다. 게다가 피부도 건조해져 몸에 많은 정전기가 저장되어 몸이 물체에 닿는 순간 고압 전기가 방전된다.

036 통화하면서 자기도 모르게 낙서를 하는 이유는?

전화 통화가 길어지면 무의식중에 펜을 들고 이런저런 낙서를 끼적댄다. 나도 모르게 도형이나 선을 반복적으로 그리거나 통화 내용에 포함된 단어를 의미 없이 쓰곤 하는데, 뇌신경학자는 그 이유를 두 가지로 설명한다.

하나는 뇌의 기질적인 이유다. 사람의 뇌는 언어 등을 담당하는 좌뇌와 도형이나 패턴 같은 추상적인 영역을 담당하는 우뇌로 나뉜다. 전화 통화는 좌뇌를 활용하는 행위다. 그래서 할 일 없는 우뇌가 무의식중에 도형 등을 그린다.

다른 하나는 심리적인 이유다. 이것은 심리학자 카를 융이 주장한 '보상 행위'에 해당한다. 보상 행위란 사람의 마음이 항상 정신적 균형을 유지하려고 하는 자연적 행위다. 전화는 말에 의지하는 것이기 때문에 표정이나 몸짓으로 섬세한 내면세계, 감정, 기분 등을 상대방에게 전달할 수 없는 답답함이 있다. 그런 욕구불만을 해소하기 위해 종이 위에 무의미한 그림이나 선을 그린다고 한다.

037
인간은 어디까지 진화할까?

인간이 유인원에서 진화한 이후 적어도 450만 년이 지났다고 한다. 그동안 인간의 뇌는 눈부시게 발달했고 그에 비례해 무게도 증가했다. 화석을 통해 추측하면 베이징원인의 뇌는 평균 900그램이었던 반면 현대인의 뇌는 평균 1,350그램이나 된다. SF 영화나 소설 등에서는 인간의 뇌가 발달을 거듭한 결과 거대한 머리에 팔다리는 가늘게 퇴화한 묘한 형태로 진화한 인류의 모습이 그려지곤 한다. 그러나 실제로는 인간의 탄생과 관련된 구조가 근본적으로 바뀌지 않는 한 그런 '미래인'은 탄생할 수 없다. 여성의 자궁이나 질의 크기를 생각하면 출산할 때 태아의 머리 크기는 현 시점에서 이미 한계를 넘어섰을 정도다. 태아의 머리가 더욱 커진다면 출산 자체가 불가능해진다. 앞으로 500만 년, 아니 그 이상이 지난다고 해도 인간의 모습이 극적으로 변화하는 일은 없을 것이다.

038
두 명이 물건 하나를 들고 계단을 올라갈 때 어느 쪽이 더 힘들까?

친구와 함께 무거운 냉장고를 들고 계단을 올라간다고 생각해보자. 이때 위쪽에 앞장 선 사람과 아래쪽에 받쳐 든 사람

내가 더…
내가 더…

사이에 말다툼이 생길 수 있다.

위쪽 사람은 자기가 가구를 잡아당기면서 올라가고 아래쪽 사람은 그저 받치기만 하면 되므로 자기가 더 힘들다고 말한다. 아래쪽 사람은 가구 무게가 아래쪽으로 쏠려서 자기가 더 힘들다고 주장한다.

그런데 이 말다툼은 사실 의미가 없다. 역학적으로 보면 무거운 짐이 두 사람의 한가운데에 놓여 있다면 두 사람에게 실리는 무게는 정확하게 2분의 1씩이다. 어느 한쪽도 일방적으로 손해를 보는 상황이 아니다.

039 횡단보도 페인트는 왜 갓 칠했을 때도 자동차에 묻지 않을까?

페인트를 칠하면 마를 때까지 시간이 걸린다. 그러나 횡단보도 라인은 그렇지 않다. 칠을 한 직후에 자동차가 라인을 밟고 달려도 절대로 바퀴에 페인트가 묻지 않는다. 왜 그럴까?

횡단보도에는 '융해성 트래픽 페인트'라는 특수 페인트가 사용되기 때문이다. 이 페인트에는 온도 변화에 따라 경도가 바뀌는 '서모플라스틱(thermo plastic)' 분말이 녹아 있다. 이것을 노면에 칠하면 페인트는 상온에 노출되어 녹아 있던 서모플라스틱이 원래의 경도로 돌아가려 한다. 그리고 페인트에는 도료가 굳어지는 현상을 촉진하는 글래스비즈(glass beads)도 섞여 있다. 이들의 작용으로 융해성 트래픽 페인트는 칠을 하자마자 바로 굳는다.

040 전기포트로 끓인 물에 섞인 하얀 가루의 정체는?

전기포트를 오래 사용하면 뜨거운 물에 하얀 가루가 섞이는 현상이 나타나곤 한다. 이 하얀 가루의 정체는 두 가지로 생각할 수 있다.

하나는 물 찌꺼기다. 물에 함유된 수많은 미네랄 성분 중 탄산

칼슘 등이 하얗게 결정을 이루어 포트 안쪽 벽에 달라붙었다 떨어져서 물에 섞일 수 있다. 물 찌꺼기는 유해한 것은 아니므로 마셔도 괜찮지만 찜찜한 마음이 든다면 포트 전용 세제를 이용해 포트 안쪽을 닦아주면 된다.
다른 하나는 포트 안쪽 벽에 발렸던 폴리프로필렌수지나 플루오르수지 입자가 벗겨지는 현상이다. 이 역시 많이 섭취하지 않는 한 크게 문제되지 않지만 꺼림칙하다면 전기포트 교체를 고려해보는 게 좋다.

041
상한 귤은 왜 주위 다른 귤까지 상하게 할까?

귤을 상자째 구입했을 때 한 개라도 상한 것이 있으면 큰일이다. 며칠만 지나면 그 귤을 중심으로 주위 귤이 모두 상하기 때문이다. 부패가 마치 전염되는 것처럼 보이지만 사실은 그렇지 않다.
귤은 익는 과정에서 '에틸렌 가스'라는 성장호르몬을 방출하는데 많이 익으면 익을수록 그 양이 더욱 증가한다. 그리고 너무 익어서 상하기 시작하면 엄청난 에틸렌 가스를 방출한다. 그렇게 방출된 에틸렌 가스 때문에 주위 귤도 눈 깜짝할 사이에 익다 못해 상하는 것이다.
따라서 귤을 상자째 구입했다면 일단 전체를 꺼내 상하거나 상

불이야!
불이야
쫌만 기다리라고 해.
천천히 해~
BURUSTA

처 난 것이 있는지 살핀 후 싱싱한 것만 다시 담아 보관하는 것이 좋다.

042
불을 끌 때 찬물과 뜨거운 물 중 어느 쪽이 더 효과 있을까?

화재가 났을 때 찬물과 뜨거운 물 중 어느 쪽이 더 빨리 불을 끌 수 있을까?

불은 당연히 뜨겁다. 찬물을 끼얹으면 불씨의 온도가 내려가 빨리 식을 것 같지만 화재 진압에 더 도움이 되는 것은 뜨거운 물이다.

찬물이든 뜨거운 물이든 물을 끼얹었을 때 불이 꺼지는 이유를 먼저 생각해보자. 불타고 있는 물체에 물이 닿으면 수증기가 발생해 불이 붙을 수 있는 물질을 덮어버리기 때문에 불이 꺼진다. 물이 닿은 물체는 산소가 공급될 수 없어 연소가 멈추는 것이다.

불이 붙은 물체에 뜨거운 물을 끼얹으면 짧은 시간에 수증기가 발생한다. 뜨거운 물의 장점은 이뿐이 아니다. 뜨거운 물은 찬물에 비해 점착성이 높다. 그래서 불이 붙을 수 있는 물체를 수증기보다 더 부드럽게 덮어준다. 따라서 찬물보다 뜨거운 물이 화재 진압에 적합하다. 하지만 실제 화재 현장에서는 일부러 물을 끓일 수 없고 물이 끓을 때까지 기다릴 시간도 없기 때문에 어쩔 수 없이 찬물을 이용한다.

043

스텔스기는 왜 레이더에 걸리지 않을까?

미 공군의 B-2 폭격기는 전체 길이 21미터, 폭 52미터로 꽤 큰 기체다. 그러나 레이더 탐지기에는 참새와 거의 비슷한 크기로 비치기 때문에 적에게 발견되기 어려운 엘리트 항공무기다. B-2 폭격기처럼 레이더에 걸리지 않는 항공무기를 '스텔스기'라고 부른다. 스텔스(stealth)는 '은밀', '다른 사람의 눈을 속이는'이라는 의미다. 비행기는 금속 덩어리인데 왜 스텔스기는 레이더탐지기가 발신하는 전파를 반사하지 않을까?

기체에 '레이더파흡수물질(RAM. Radar-Absorbent Material)'이라는 도료가 칠해져 있기 때문이다. RAM에는 자성산화물(磁性酸化物)이 섞여 있고 이것이 기체에 닿는 전파 대부분을 흡수해 열로 바꾸어버리기 때문에 레이더를 피할 수 있다.

044

노래방 마이크에서 왜 하울링이 발생할까?

노래방에서 즐겁게 노래를 부르고 있는데 갑자기 스피커에서 '삐이!' 하며 귀에 거슬리는 금속성이 새어 나오는 경우가 있다. 이것은 하울링 현상으로 노래방뿐 아니라 마이크와 스피커를 사용할 때 언제든지 발생할 수 있다.

하울링의 원인은 두 가지다. 스피커의 볼륨이 지나치게 크거나 마이크와 스피커 거리가 지나치게 가까운 경우다. 이런 상태에서는 스피커에서 새어나온 소리가 마이크로 다시 들어갔다가 또 스피커로 새어 나오는 현상이 반복된다. 소리의 이런 순환 고리 속에서 어떤 특정한 주파수 소리가 겹쳐지면 '삐이!' 하는 불쾌한 잡음이 나는 것이다. 하울링을 막는 방법은 간단하다. 마이크를 사용할 때 가능하면 스피커에서 멀리 떨어질 것. 그리고 스피커의 볼륨을 너무 강하게 하지 말 것. 이 두 가지다.

045
일행을 잃어버렸을 때 그 자리에 있는 게 나을까 찾아다니는 게 나을까?

가족이 대형 쇼핑몰에 갔다가 서로 잃어버리는 경우가 있다. 이때는 찾아다니는 쪽이 만날 확률이 높다.

그 자리에서 상대를 기다리고 상대도 자기 자리에서 기다린다고 가정해보자. 영원히 만날 수 없다. 그렇다면 넓은 매장을 어떤 식으로 찾아다닐 때 만날 확률을 높일 수 있을까? 단 하나의 정답이라기보다는 이런 경우에 효과적인 충고는 해줄 수 있다. 우선 상대가 좋아하는 음식이나 상품이 진열되어 있는 장소를 중심으로 찾아본다. 예를 들어 아이들이라면 과자나 장난감 매장에서 정신이 팔려 있을지 모른다. 그렇게 뒤져도 만나지 못했다면 각 통로를 확인하며 계산대가 있는 곳으로 간다. 당신을

1500년전
대형 쇼핑몰로 추정되는
유적지에서 발견된 것으로,
일행을 잃고 제자리에 서서
기다리다가 그대로 미라가
된 것으로 추정됩니다.
오오
지구에 관광 온
화성인 부부

찾고 있는 상대 역시 틀림없이 계산대 부근으로 올 것이기 때문이다. 물론 이런 노력은 휴대폰으로 당장 서로 통화할 수 없을 때 해볼 수 있는 것으로, 이럴 때 가장 확실한 해결책은 안내방송을 요청하는 것이다.

046 센서등은 자동차가 다가가도 불이 켜질까?

사람이 가까이 다가가면 불이 들어오고 잠시 후 자동으로 꺼지는 센서등은 구체적으로 사람의 어떤 부분을 감지할까? 그림자? 목소리? 사람이 움직일 때에 발생하는 공기의 진동? 모두 아니다.

정답은 적외선이다. 적외선은 열작용이 크기 때문에 '열선'이라고도 불린다. 모든 물체는 이 온도에 대응해 파장이 먼 적외선을 방출하며 인간도 마찬가지다. 센서등은 인간 특유의 파장을 가진 적외선만을 느끼도록 프로그램되어 있다. 따라서 사람 이외의 물체, 예를 들면 자동차가 다가가면 센서등의 불은 들어오지 않는다.

047 형상기억합금 안경은 어떤 식으로 구부려도 원래대로 돌아올까?

안경다리가 쉽게 휘어져 속 썩이는 경우가 많다. 안경을 쓴 채 옷을 갈아입거나 만원 지하철에서 이리저리 부대끼다 보면 자기도 모르는 사이 안경이 휘어져 있기도 하다. 그러나 형상기업합금을 사용한 안경이라면 안심할 수 있다.

일반 금속은 힘을 가하면 전체 모습이 변할 뿐 아니라 하나하나의 원자와 원자의 연결방식까지 변하는 반면 형상기억합금은 힘을 받아 전체 모양이 변했더라도 원자끼리의 연결방식은 변하지 않는다. 그렇기 때문에 가한 힘을 제로로 만들면 원래 모습으로 되돌아온다.

예를 들어 안경다리를 90도 이상 구부린 다음 그 상태를 유지하면서 다른 방향으로 다시 90도를 구부렸다 손을 놓으면 즉시 원래 상태로 되돌아온다.

단, 형상기억합금에도 한계는 있다. 안경다리를 계속 빙글빙글 비틀고 있으면 금속피로라는 현상이 발생해 결국 비틀어지면서 끊어진다.

048 에어컨 케이블이 굵은 이유는?

에어컨과 전자레인지는 양쪽 모두 소비전력이 1,500와트 전후다. 그러나 콘센트에 접속하는 케이블 굵기는 서로 다르다. 전자레인지는 일반적인 굵기이지만 에어컨은 일반적인 케이블을 두세 개 모은 것 정도로 굵다. 왜 이런 차이를 뒀을까? 이는 '에어컨 화재'를 예방하기 위한 조치다.

물리 시간에 배운 '줄(Joule)의 법칙'을 떠올려보자. "전류가 금속 같은 도체(導體) 안을 흐를 때 도체의 저항에 의해 열이 발생한다."

케이블은 전기저항이 매우 적은 도체지만 그래도 열이 발생한다. 필요할 때만 잠깐씩 사용하는 전자레인지는 연속운전시간이 비교적 짧기 때문에 일반적인 케이블을 사용해도 과열 현상이 발생하지 않는다. 그러나 에어컨은 때로는 며칠 동안 연속으로 사용할 수도 있다. 따라서 일반 굵기의 케이블을 사용하면 과열되어 화재가 발생할 수 있기 때문에 여유를 두고 굵은 케이블을 사용하는 것이다.

049 정전기 방지 스프레이가 정전기를 막아주는 이유는?

건조한 겨울이 되면 정전기방지 스프레이가 크게 활약한다. 의류에 뿌려두면 스커트나 바지 자락이 몸에 달라붙는 현상이 줄어든다. 먼지도 덜 달라붙기 때문에 옷이 더러워지는 확률 또한 낮아진다. 이 유용한 상품의 원료는 단지 두 가지, 계면활성제와 알코올뿐이다.

계면활성제는 세제의 주원료로 그 분자는 물 분자와 결합하기 쉬운 성질이 있다. 정전기방지 스프레이를 옷에 뿌리면 알코올은 증발하고 계면활성제 분자가 남아 옷의 표면을 덮는다. 그러면 공기 속 수분이 빨려 들어가 계면활성제 분자에 달라붙는다. 수분은 전기를 통과시키기 쉽기 때문에 옷에 정전기가 발생하더라도 그 정전기는 물기를 띤 계면활성제 분자를 통해 대기 속으로 도망가버린다. 정전기가 발생하지 않으면 옷이 몸에 달라붙거나 먼지를 빨아들이는 현상은 일어나지 않는다.

050 화석 연대를 어떻게 측정할까?

화석 연대 측정법으로 세 가지를 들 수 있다.

첫째, 화학적 연대결정법. 화석은 지하수에 포함되어 있는 불소나 마그네슘 등 다양한 원소를 함유하고 있는데, 이런 원소를 많이 포함할수록 지하수에 오랫동안 잠겨 있었다는 사실을 나타낸다. 그 함유량을 바탕으로 땅속에 있었던 시간을 측정하는 것이다.

둘째, 방사능 연대결정법. 예를 들어 탄소 14는 오랜 세월이 흐르면 질소 14로 변한다. 그 변화 정도는 이미 알고 있기 때문에 그것을 조사하면 연대를 측정할 수 있다.

셋째, 층위학(層位學) 연대표. 이미 연대를 알고 있는 화석이 있다면 그것이 묻혀 있던 지층과 비교해 연대를 추정하는 방법이다. 일반적으로, 지층은 아래쪽일수록 오래 되었고 위쪽일수록 연대가 짧다. 이것을 기본으로 장소, 기후, 주위 지세, 화석 상태 등의 조건을 첨가해 연대를 추정한다.

051
캡슐을 타고 들어가 고래 몸속을 여행할 수 있을까?

캡슐을 타고 고래 입으로 들어가 고래 몸속을 탐험할 수 있지 않을까?

불가능하다. 고래가 몸은 거대해도 크릴새우를 빨아들이는 목 부분은 상당히 가늘다. 따라서 사람이 들어 있는 캡슐을 삼킨다는 것은 고래 입장에서는 터무니없는 이야기다.

그렇다면 좌약처럼 항문을 통해서 들어가는 방법은 어떨까? 이

켁 켁
내가 뭘 삼킨거지?
꽉 조이네.

것은 고래의 소화물이나 체액 흐름과 역행하는 것이므로 강한 추진력이 필요하다. 사람이 직접 고래 몸속에 들어가 '여행'하는 것은 불가능하다.

052 3초 만에 체온을 재는 전자체온계의 구조는?

귀에 꽂아 3초 만에 체온을 잴 수 있는 체온계는 적외선 센서와 마이크로컴퓨터로 고막 온도를 측정한다.

고막은 체온을 조절하는 중추기관인 시상하부 가까이에 있고 혈관도 공유하고 있기 때문에 정확한 체온을 잴 수 있다. 하지만 체온계를 고막에 직접 대면 안 된다. 상당한 통증이 느껴지기 때문이다. 그래서 귀에 살짝 꽂는 것만으로 잴 수 있는 체온계가 개발된 것이다.

이 체온계의 원리는 다음과 같다. 적외선 센서가 고막에서 발생되는 적외선을 감지한 후 이것을 열에너지로 변환한 온도 정보를 마이크로컴퓨터에 보낸다. 동시에 체온계 온도 센서가 감지한 온도 정보도 마이크로컴퓨터로 보낸다. 고막 온도를 잴 때 더해진 체온계 자체 온도를 빼야 하기 때문이다. 마이크로컴퓨터는 이 두 가지 온도 정보를 바탕으로 미리 정해진 계산식에 따라 고막 온도를 재는 것이다. 이 모든 과정이 불과 3초 만에 이루어진다.

053

드라이아이스에서는 왜 하얀 연기가 날까?

드라이아이스에서 하얀 연기가 나는 것처럼 보이는 것은 우리 눈의 착각이다. 그것은 연기가 아니라 단순한 물방울이다.

드라이아이스는 탄산가스를 굳힌 것으로 물을 뿌리면 고체에서 단번에 기체로 바뀌는 성질이 있다. 그때 주위에서 많은 열을 빼앗아 공기 속 수증기도 식어버린다. 그러면 갑자기 차가워진 수증기가 눈에 보이지 않는 가느다란 물방울이 되고, 그 물방울이 피어오르는 모습이 마치 하얀 연기가 나는 듯 보이는 것이다.

2장
매콤새콤달콤
단짠단짠
음식통조림

054

긴장하면 왜 음식 맛을 느끼지 못할까?

긴장하는 순간에는 누구나 갈증을 느낀다. 스트레스 반응으로 인해 입안이 마르기 때문이다.

외부적 스트레스는 자율신경에 영향을 미쳐 여러 가지 호르몬 분비를 촉진한다. 그러면 몸이 변화를 일으켜 속이 거북해지고 심장이 두근거리고 얼굴이 붉게 달아오른다. 이런 현상이 모두 인간이 의지로 제어할 수 없는 자율신경의 작용이다.

입안이 마르면 음식 맛을 느끼지 못한다. 무슨 맛인지도 모르겠고 잘 삼켜지지도 않지만 자율신경을 의식적으로 컨트롤할 수 없다.

055

비행기로 복어를 운반하면 하늘에서 복어가 부풀어 오르지 않을까?

비행기 내부는 기압과 온도를 일정하게 유지한다. 그렇더라도 고도가 높아짐에 따라 귀가 멍해지면서 몸이 팽창하는 느낌이 들기도 한다. 그러면 비행기로 공수되는 물고기도 기압의 영향을 받을까? 예를 들어 복어를 산 채 비행기로 운반할 때 복어가 풍선처럼 부풀지는 않을까?

복어 같은 물고기 역시 기압과 온도가 쾌적하게 유지되도록 유의하며 운반되기 때문에 기압 변화의 영향을 받지 않는다. 더구나 복어는 VIP 대우를 받는다. 다른 물고기는 소량의 물과 산소를 넣은 비닐봉투 안에 몇 마리씩 넣고 골판지 상자에 담지만 복어는 비닐봉투 하나에 한 마리씩 넣는다. 그리고 날카로운 이빨에 비닐이 찢어지지 않도록 비닐봉투를 신문지로 싸고 다시 또 비닐봉투에 담아 발포스티로폼 상자에 넣는다. 이렇게 하면 적당한 어둠이 만들어져 복어도 안심하고 날씬한 모습 그대로 목적지에 도착할 수 있다.

056 중국집 식칼은 왜 네모날까?

일반적으로 흔히 사용하는 식칼은 끝으로 갈수록 가늘어지며 전체적으로 완만한 곡선을 그리지만 중국집 식칼은 사각형이다. 칼의 폭이 가늘어지지 않고 일정한 데다 매우 넓고 평평한 것은 조리방법과 깊은 관계가 있다.
중화요리에 빼놓을 수 없는 마늘이나 생강은 강한 향을 유지하도록 조리 직전 식칼을 옆으로 뉘어 강하게 내리쳐서 으깬다. 또 새우나 두부 등도 식칼의 넓은 면으로 으깨서 만드는 요리가 많다. 폭이 넓은 칼은 많은 양의 채소를 도마에서 손질한 후 그러모을 때에도 편리하며 폭이 넓은 만큼 무게감도 있어 돼지족발 같은 것을 자를 때 힘을 덜 주어도 된다. 말하자면 평평한 식칼 한 개로 자르고 두드리고 으깨는 등 다양한 활용이 가능한 것이다. 사각형 식칼은 중국인의 합리성을 알아볼 수 있는 대표적인 도구라고 할 수 있다.

057
캐비아 통조림 가격이 비쌀 수밖에 없는 까닭은?

푸아 그라(foie gras, 거위 간 요리), 트뤼프(truffe, 버섯의 일종. 흔히 '송로'라고 한다)와 더불어 세계 3대 진미에 속하는 캐비아는 철갑상어 알이다. 철갑상어 개체수가 줄고 있는 데다 여전히 수작업으로 통조림을 만들고 있어 캐비아는 비싸기로 유명하다. 진짜 캐비아는 혀에 닿는 감촉이 부드러워서 사르르 녹는 듯 느껴진다. 그런 만큼 섬세하고 부서지기 쉽기 때문에 매우 신경 써서 처리해야 한다. 철갑상어 배에서 난소를 꺼내고 알을 수거해 소금에 절인 후 통조림 캔에 넣기까지 모두 수작업으로 조심스럽게 다뤄져야 하기 때문에 캐비아 가격은 올라갈 수밖에 없다. 최근 철갑상어 양식이 국내에서도 활발하게 진행되고 있으니, 세계 3대 진미를 더 많은 사람들이 맛보게 될 수도 있을 것 같다.

058 금가루가 들어 있는 술은 정말로 몸에 좋을까?

특별한 축하 자리에서 금가루가 들어 있는 술이 제공되는 경우가 있다. 술에 넣은 금가루는 혈액을 맑게 하거나 내장 활동을 돕는 효과가 있다는데, 정말로 그럴까? 우리 입을 통해 들어간 음식물은 위에서 소화된 후 장에서 흡수된다. 금가루는 위에서 분비되는 위액으로 녹지 않기 때문에 장에서 흡수되지 않고 그대로 대변으로 배출된다. 금가루는 술을 마실 때 들뜬 기분을 느끼게 해줄 뿐 배 속에서는 아무런 효과도 발휘하지 못하는 것이다.

어제 금가루가 든 술을 잔뜩 얻어 마셨더니...
물 내리기가 아깝네..
황금대변

059

같은 기름으로 튀김을 몇 번이나 튀길 수 있을까?

튀김을 하려면 기름이 많이 필요하다. 튀김에 한 번 사용한 기름은 이후 반복해서 사용해도 될까?

흔히 10회 정도 다시 사용할 수 있다고들 하는데, 엄밀하게 말하면 어떤 튀김을 얼마나 했는지에 따라 기름을 반복해서 사용할 수 있는 횟수가 달라진다. 그러므로 횟수에 연연하지 말고 기름 상태를 직접 판단하는 것이 중요하다. 이때 가열한 기름에 재료를 넣었을 때 생기는 거품을 보는 것이 포인트다.

튀김용 기름이 산화하기 시작하면 재료를 넣었을 때 작은 거품이 기름 표면 전체로 퍼지며 좀처럼 사라지지 않는다. 또 기름 냄새와 색깔이 모두 짙어진다. 그러면 새 기름으로 바꿔야 한다. 이런 현상을 무시하고 기름을 계속 가열하면 목을 찌르는 듯한 자극적인 가스가 나온다.

060

미국 맥주가 상대적으로 담백한 이유는?

맥주의 본고장 독일에서는 맥주 원료로 몰트, 물, 효모, 호프만 사용하도록 법으로 정해놓았다. 그런데 미국의 유명 맥주회사는 몰트 양을 줄이고 쌀이나 옥수수로 대용한다. 그리고 호프를 줄이는 대신 탄산을 대량으로 사용한다. 이렇게 하면 맥주 맛이 담백해져서 한 번에 많이 마실 수 있다. 예전에는 미국 맥주도 독일과 마찬가지로 네 가지 원료로만 만들었다. 그러나 더 큰 이윤을 얻기 위해 골몰하던 미국 맥주회사는 젊은이부터 노인까지 부담 없이 즐겨 마실 수 있는 맥주 개발에 나섰다. 이렇게 해서 나온 대표주자가 버드와이저와 밀러 맥주다. 그들은 깔끔한 맛으로 폭넓은 층을 공략해 많은 수익을 올렸다.

061 거품이 가라앉는 맥주도 있을까?

맥주를 잔에 따르면 대개 거품이 바닥에서 위로 떠오른다. 거품이 맥주보다 가볍기 때문이다. 그런데 반대로 작은 거품이 천천히 가라앉는 맥주가 있다. 바로 아일랜드와 영국에서 흔히 마시는, 달콤쌉싸름한 맛이 일품인 흑맥주 기네스다.

기네스가 담긴 잔을 보면 가느다란 거품이 잔을 따라 내려가는 모습이 선명하게 보인다. 기네스 맥주 거품은 왜 가라앉을까? 사실 기네스를 잔에 따르면 중심에서는 거품이 바닥에서 위로 올라간다. 더구나 그 속도가 상당히 빨라서 주변 액체도 함께 올라간다. 그러나 상승한 액체는 더 이상 갈 곳이 없어 잔 주변으로 향하고 잔의 벽면을 따라 내려간다. 이때 거품도 함께 내려가는 것이다.

단, 내려가는 것은 작은 거품뿐 큰 거품은 힘이 있어서 액체가 내려가더라도 그 흐름에 거슬러 올라간다. 지름 0.06밀리미터보다 작은 거품만 흐름을 거스르지 못하고 벽을 따라 가라앉는다.

062 와인글라스 다리가 긴 이유는?

와인글라스는 날씬하고 길쭉한 다리가 특징이다. 이는 글라스를 잡는 손의 온도가 와인에 전달되는 것을 최대한 막고자 고안한 형태다.

와인은 한 번에 벌컥 들이키는 술이 아니라 시간을 들여 조금씩 마시며 색깔, 향, 맛을 음미하는 술이다. 그런데 천천히 즐기다 보면, 특히 10도 정도에서 마시는 게 좋은 화이트와인의 경우 서서히 온도가 올라가기 마련이다. 이때 글라스를 잡는 손의 온도가 전해지지 않도록 글라스 다리를 길게 한 것이다. 따라서 와인글라스는 엄지손가락과 집게손가락으로 다리를 쥐고 새끼손가락으로 다리 아래 받침대를 누르듯 지지하며 드는 게 좋다.

한편 튤립처럼 위는 좁고 아래는 통통한 와인글라스가 많은 것은 입구를 좁게 해서 글라스 안에 고인 향을 여유롭게 즐기기 위해서다.

열이 많은
체질이라
특별히
주문한 글라스
라네.

063

와인을 마실 때 왜 글라스를 빙글빙글 돌릴까?

글라스 안의 와인이 출렁이도록 글라스를 빙글빙글 돌리는 것을 본 적이 있을 것이다. 와인을 마시기 전에 이렇게 글라스를 돌리면 와인이 공기와 더 많이 접촉하면서 산화가 진행되어 더욱 원숙한 맛을 낸다. 그러나 질 좋은 와인은 공기와 접촉시킬 필요가 없다. 오묘한 와인 색깔을 충분히 즐기고 풍성한 향이 퍼질 수 있도록 와인글라스를 가볍게 두어 번 돌린 후 마시면 된다.

064

코냑은 어떻게 탄생했을까?

17세기, 프랑스 비스케이만 일대 해상권을 지배하던 네덜란드 함대가 강을 거슬러 올라가 코냑 지방 농가에서 와인을 엄청나게 사들였다. 호기를 맞았다고 여긴 농가들은 당장 포도밭을 확장해 와인을 양산하기 시작했다. 그러나 과잉 생산된 와인은 각 농가의 창고를 가득 채우는 재고로 남게 되었다. 고민에 빠진 농가에서 이런저런 시도를 해보다 와인을 증류해보았다. 그 과정에 운 좋게도 독특하면서 깊은 맛이 나는 술이 완성되었다. 이것이 바로 '브랜디'다. 갓 탄생한 코냑

브랜디는 완성도가 낮았으나 이후 증류 기술이 발전하면서 세련된 맛과 향을 가지게 되었다. 19세기 초 나폴레옹 1세 시대에 이르러 달콤한 향기를 자랑하는 왕실용 술로 인정받는 경지에 올랐는데, 그것이 '나폴레옹 코냑'의 시초다.

065
12년산 위스키를 5년 동안 보존하면 17년산 위스키가 될까?

위스키를 '12년산', '17년산' 식으로 구분하는 것은 저장 연수에 따른 것으로, 연수가 증가할수록 맛이 좋아지고 당연히 가격도 비싸다. 그러나 12년산 위스키를 5년 동안 보존했다고 해서 17년산 위스키 맛으로 변하는 것은 아니다.

저희 가게의 자랑입죠. 32년 하고도 3개월 된 위스키 입니다.
10년전에 딱 한모금 마셨지요.

벌떡!
말똥말똥
더 자고 싶은데,
더 자고 싶은데…
그러게 작작 좀 드시지 그랬어요.
아빠지만 정말 한심해…

갓 증류한 위스키를 오크 같은 술통에 넣어 숙성시킨다. 이때 오랜 시간 동안 숙성시킨다고 해서 모두 좋은 술이 되는 것은 아니다. 처음부터 장기간 숙성용 소질을 갖춘 위스키를 평가해 12년산, 17년산, 30년산 등을 선별해둔다. 말하자면, 12년산 위스키는 갓 증류했을 때부터 12년산 수준인 것이다. 그것을 17년 동안 숙성시킨다고 해도 17년산 위스키 맛을 내지는 못한다. 하물며 병에 담긴 상태로 보관하는 것으로는 맛이 더 좋아질 리 없다.

066
술을 마신 다음 날 아침 일찍 잠에서 깨는 이유는?

술을 마신 다음 날 아침에는 여느 때보다 일찍 잠에서 깨는 사람이 많다. 그 이유는 크게 두 가지다.

우선, 술을 적당히 마신 덕분에 숙면을 취한 경우다. 적절한 양의 술이 대뇌피질을 가볍게 마비해 정신적으로 안정감을 가져다준다. 그 결과 깊은 잠을 자고 일찍 기분 좋게 깨어날 수 있다. 그런데 술을 과하게 마셔 대뇌피질이 억제되었다가 해방되면 정신은 안정 상태를 뛰어넘어 활발해진다. 이럴 때는 숙면을 취할 수 없으며 수면을 담당하는 뇌 기능이 이상을 보이기도 한다. 그러면 얕은 수면 상태에 있다가 다음 날 일찍 일어나게 된다.

067 맨해튼 칵테일 이름의 유래는?

맨해튼 칵테일 탄생을 두고 다양한 이야기가 전하는데, 그중 가장 유명한 것은 영국 수상 윈스턴 처칠의 어머니와 관련 있다.

1876년, 미국 제19대 대통령 선거에서는 민주당 후보 뉴욕 주지사 새뮤얼 틸든과 공화당 후보 오하이오 주지사 러더퍼드 헤이스가 격돌해 격렬한 선거전을 펼쳤다. 이때 민주당의 틸든을 지지하는 이들 가운데 부유한 은행가의 딸 제니 제롬, 즉 처칠의 어머니가 있었다.

어느 날 밤, 뉴욕 '맨해튼 클럽'에서 틸든을 위한 파티가 열렸다. 간사로 활동하던 제니는 위스키와 스위트 베르무트(포도주에 향료를 넣어 우린 술)를 섞은 새로운 칵테일을 파티에서 선보였다. 파티 참석자들에게 커다란 호평을 얻은 이 칵테일은 이후 파티 장소인 클럽의 이름을 따서 '맨해튼 칵테일'이라고 불리며 널리 퍼져 나갔다고 한다.

068 싱글몰트 위스키란 무엇일까?

위스키에는 두 종류가 있다. 몰트 위스키와 그레인 위스키다.

몰트 위스키의 원료는 보리다. 보리를 물에 담가 발아시킨 것이 몰트(맥아)다. 몰트를 피트(토탄)로 그을리며 건조시킨 후 뜨거운 물을 부으면 당분으로 변한다. 이 액체에 효모를 넣고 발효, 증류한 후 술통에 담아 숙성시키면 호박색 술로 변한다.
그레인 위스키는 몰트도 사용하지만 주로 옥수수와 밀가루를 이용한다. 그리고 피트로 그을리지 않아 몰트 위스키와 비교했을 때 맛의 깊이가 떨어진다. 시판되는 위스키는 몰트 위스키와 그레인 위스키를 혼합한 것으로, 보통 30~40종류를 섞는다.
한편 다른 것은 섞지 않고 몰트만 숙성시킨 것 중 한 장소에서 또는 한 술통으로만 숙성시킨 것을 특별히 '싱글몰트'라고 한다. 싱글몰트는 개성이 강한 술이기 때문에 초보자는 마시기 힘들다. 그러나 위스키 애호가 중에는 싱글몰트를 선호하는 이가 제법 많다.

069
파인애플 씨는 어디에 있을까?

파인애플을 먹으며 씨를 뱉어본 사람은 없을 것이다. 파인애플에는 씨가 없기 때문이다.
파인애플은 꽃이 핀 뒤 맺힌 수많은 열매가 모인 것이다. 열매 위로 잎이 자라는데 이것이 새싹이다. 파인애플을 수확하지 않고 내버려두면 열매가 썩으면서 새싹이 땅에 떨어진다. 그리고 그 싹이 뿌리를 내린다. 즉, 파인애플은 씨 없이 번식할 수 있다. 파인애플을 비롯해 바나나, 무화과 같이 씨가 없는 과일을 '단위결실'이라고 한다.

070

밤 씨는 어디에 있을까?

과일 열매에는 씨가 있다. 씨가 없으면 자손을 번식시킬 수 없다. 그런데 밤 씨는 보이지 않는다. 군밤이든 삶은 밤이든 씨를 신경 쓰지 않고 마음 놓고 먹을 수 있다. 요리 전에 밤 씨를 제거한다는 말도 들어본 적이 없다. 밤도 자손을 번식시키기 위해서는 씨가 필요할 텐데, 도대체 밤 씨는

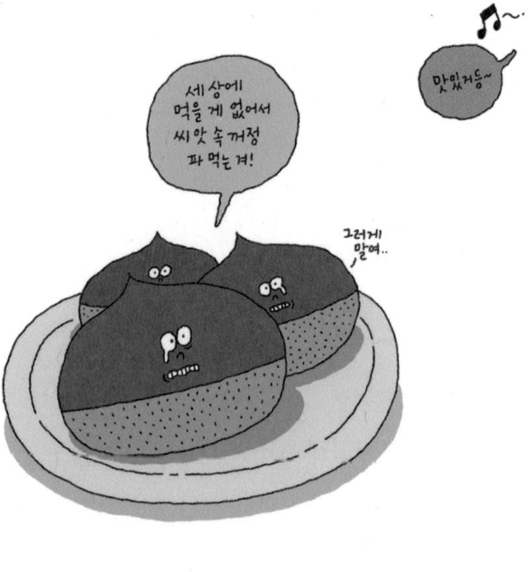

맛있거등~
세상에
먹을 게 없어서
씨앗 속 꺼정
파 먹는 겨!
그러게
말여..

어디에 있을까? 사실은 우리가 열매라고 생각하면서 먹는 전체가 밤 씨다.

071

바나나는 왜 갈색으로 변할까?

바나나는 노란 껍질 이곳저곳에 갈색 반점이 생기기 시작했을 때 먹는다. 과육이 부드러워지고 단맛도 증가하기 때문이다. 그래서 이 갈색 반점을 '슈가 스폿'이라고 한다.

그러나 그 이상 익으면 바나나 껍질 전체가 갈색으로 변한다. 바나나 안에서 에틸렌 가스가 생산되고 방출된 탓이다.

에틸렌은 과일의 호흡을 증진시키고 전분을 당으로 바꾸어 단맛이 나게 해주며 과육을 숙성시키는 작용을 하지만 지나치게 숙성되면 이번에는 빠른 속도로 부패가 진행된다. 껍질이 갈색으로 변하는 것은 바나나의 '노화현상'이다.

072

그레이프프루트는 포도의 일종일까?

흔히 '자몽'이라고 부르는 그레이프프루트의 원산지는 서인도제도. 감귤속에 속하는 이것이 미국 서해

안 캘리포니아 등에서 품종 개량되어 지금 같은 모양으로 바뀌었다.
다른 오렌지 종류는 나뭇가지 하나에 열매가 하나씩 열리지만 그레이프프루트는 나뭇가지 하나에 많은 열매가 주렁주렁 매달린다. 이렇게 열매가 포도처럼 송이를 이룬다고 해서 '그레이프'라는 말이 붙었다.
'그레이프프루트'는 미국식 표현이며 '자몽'은 포르투갈어 '잠보아(Zamboa)'가 변형되어 전해진 말이다.

073

씨 없는 수박을 어떻게 재배할까?

수박도 식물이니 씨를 뿌리고 밭에서 재배하지 않으면 열매를 얻을 수 없다. 그렇다면 씨 없는 수박의 씨는 어떻게 만들까?
씨 없는 수박 역시 처음에는 다른 수박과 마찬가지로 씨앗을 뿌려서 열매를 맺게 하는데 그 과정에서 인위적으로 씨 없는 수박으로 만드는 것이다. 사람을 포함한 모든 동식물은 세포핵 안에 염색체가 있다. 수박에는 이 염색체가 22개 있는데 콜히친(colchicine)이라는 약품을 쓰면 염색체가 44개로 늘어난다. 이 수박 암꽃술에 보통 수박의 꽃가루를 뿌려 수정하면 염색체가 33개인 수박이 탄생한다. 염색체 33개인 수박의 씨앗을 뿌리고

저집 양반이
글쎄 씨없는…
수군수군
속닥속닥
엄머엄머
세상에
세상에..

재배해서 그 꽃에 일반 수박의 꽃가루를 뿌리면 씨 없는 수박이 탄생하는 것이다.
간단히 말해 씨 없는 수박은 염색체 이상 수박이다. 사람도 염색체에 이상이 생기면 불임이 되는 경우가 많다. 씨 없는 수박은 이렇게 불임증에 걸리도록 인위적으로 조작해서 키워낸 과일이다.

074
과자를 왜 은색 봉투에 담을까?

오래된 포테이토칩을 먹고 설사를 하는 경우가 있다. 과자를 튀길 때 사용한 기름이 산화하면서 과산화지질이라는 유해물질이 발생해 설사를 일으키기 때문이다. 과자를 은색 봉투에 넣어 포장하는 것은 이러한 기름의 산화를 막기 위해서다.
기름은 빛이 닿으면 산화하기 쉽다. 기름을 사용한 과자를 투명한 폴리에틸렌 봉투에 넣으면 상점에 진열해두는 동안에도 유해물질이 생겨날 가능성이 높아진다. 그래서 은색 봉투로 빛을 차단해 산화를 막는 것이다.
포테이토칩이 처음 나왔을 때에는 투명한 봉투에 들어 있는 상품도 있었지만 지금은 모습을 감추었다. 먹다 남긴 포테이토칩은 어두운 장소에 보관하는 것이 좋다.

075

달걀 껍질을 깨지 않고 짠맛이 나게 하는 방법은?

옛날 기차간에서 팔던 삶은 달걀은 소금이 따로 들어 있어서 먹을 때 달걀에 뿌렸다. 하지만 요즘 삶은 달걀은 처음부터 소금 맛이 배어 있다. 껍질을 깨지 않고 달걀 자체에 짠맛을 들일 수 있기 때문이다. 그 방법은 매우 간단하다. 삶은 달걀을 차가운 소금물에 담그는 것으로 끝. 갑자기 차가워진 달걀은 급속도로 수축하는데 이때 단단한 껍질보다 부드러운 내용물이 더 수축하면서 껍질과 내용물 사이에 빈틈이 생겨 진공상태가 된다. 한편, 껍질 표면에는 지름 10~30미크론의 작은 구멍이 1만 개 정도 있다. 소금물이 그 구멍을 통해서 진공상태가 된 부분으로 들어가고 침투압 작용으로 얇은 막을 통과해서 내용물에 짠맛을 들인다. 이 원리만 알고 있으면 가정에서도 간이 밴 삶은 달걀을 쉽게 만들 수 있다.

076

파는 어디까지가 줄기일까?

파는 매우 친숙한 채소다. 하지만 파의 줄기가 어디까지인지 알고 있는 사람은 의외로 많지 않다. 파의 줄기는 뿌리 바로 윗부분뿐이다. 뿌리가 자라 있는 부분을 세로로 자르면 그 한가운데가 죽순처럼 몇 겹으로 이루어져 있다. 그 중심 부분이 파의 줄기다. 삶거나 데친 파를 먹을 때 톡 튀어 나오는 부분이기도 하다. 파 줄기에는 마디가 많고 그 마디에서 잎이 하나씩 뻗어 나와 위로 자란다.

077
파에 묻은 흙을 어떻게 떨어낼까?

파 아래쪽 하얀 부분은 땅속에 묻혀 있던 부분이다. 햇빛을 받지 않았기 때문에 하얀색을 그대로 유지하고 있다. 땅속에 묻혀 있었다면 당연히 흙이 묻어 있을 것이다. 그러나 상점에 진열된 파는 대부분 하얀 부분이 깨끗하게 빛나고 있다. 농민들은 파에 묻은 흙을 어떻게 떨어낼까? 예전에는 물론 모두 수작업이었으나 지금은 기계를 사용한다. 공기가 분출되는 입구에 파를 갖다 대기만 하면 흙이 묻어 있는 껍질이 휙 날아가버린다. 이 기계가 등장하면서 파를 재배하는 농민들은 흙을 떨어내는 수고 하나를 덜게 되었다.

078
수확한 채소는 살아 있을까 죽어 있을까?

채소는 상자에 담은 뒤에도, 냉장고에 넣은 뒤에도 계속 살아 있다. 호흡열이

송이 아저씨
쫌만 참으세요!
살 수 있어요!!
어차피
곧 죽을 팔자야.
조금 더 산다고
무슨 소용이 있겠나...
내 걱정은
말게...
죽으면
맛없는데...

계속 상승하는 것이 그 증거다.

예를 들어 여름 채소를 수확해 상자에 담았을 때 온도는 25도 정도다. 하지만 시장에 도착하면 적어도 5도 정도 온도가 올라 30도에 이르며 상품에 따라서는 40도까지 오르기도 한다. 그 때문에 채소 운반 트럭에 냉장장치를 갖추고 품질이 떨어지는 현상을 막는 것이다.

덧붙여 온도 상승률이 높은 채소는 시금치, 양상추, 아스파라거스, 완두콩, 강낭콩, 양송이버섯, 콜리플라워 등이다. 말하자면 상하기 쉬운 채소일수록 온도 상승률이 높다. 수명이 짧을수록 호흡작용이 격렬해서 호흡열을 많이 발산하기 때문이다.

079

양파를 볶는 시간이 늘어난 이유는?

요리를 좋아하는 사람은 양파를 볶는 시간이 예전보다 늘어났음을 느낄 것이다. 예전에는 양파 200그램을 볶아 수분이 날아가고 적당한 단맛이 나올 때까지 3분 정도가 걸렸다. 하지만 요즘은 5분 이상 소요된다. 더 이전에는 같은 양의 양파를 볶을 때 1분 30초로 충분했다.

이렇게 양파를 볶는 시간이 늘어난 것은 품종 개량 때문이다. 양파는 대량생산에 적합하도록 꾸준히 개량되어 왔으며 이 과정에서 수분과 달콤한 맛은 떨어졌다. 볶는 데 시간이 걸리게 된 양파는 겉모습과 효율성만을 추구해 온 우리 시대의 상징이라고 할 수 있다.

080

레스토랑의 '오늘의 추천 메뉴'를 어떻게 정할까?

레스토랑에는 '오늘의 추천 메뉴'가 있다. 흔히 '오늘의 추천 메뉴'는 신선한 재료를 싼 가격에 구입했거나 제철 재료로 만든 음식이라고 생각하기 쉬운데, 반드시 그런 것은 아니다. 상황에 따라서는 전날 팔다 남은 음식 재료를 모두 처리하기 위해 '오늘의 추천 메뉴'를 정하기도 한다. 특히 가격이 낮을수록 팔다 남은 재료를 사용했을 확률이 높다. '오늘의 추천 메뉴'라고 해서 반드시 신선하고 특별한 재료를 사용하는 것은 아니다.

오늘이 지나면 재료들이 상해서 몽땅 버려야 하거든…
자, 오늘이 지나면 맛보실 수 없습니다. 마지막 기회!
오늘의 추천메뉴
신선한 샐러드
+
신선한 해산물파스타
+
갓 볶은 원두커피
지난번에도 속았어.
걍 무시해.

081
인도 아기의 이유식은 카레다?

인도에 가보면 식사를 할 때마다 카레를 먹는 듯한 느낌이 든다. 그렇다면 인도에서는 아기 이유식도 카레로 만들지 않을까?

그렇다! 인도 아기는 이유식으로 카레를 먹는다. 물론 처음에는 향신료를 살짝만 넣는다. 인도 카레는 향신료를 어떻게, 얼마나 조합하느냐에 따라 맛이 크게 변화한다. 인도 아기들은 처음에 자극이 적은 카레를 먹다가 조금씩 향과 맛이 강한 카레에 적응해간다.

082
얼음이 들어 있는 컵에 탄산음료를 부으면 왜 거품이 많이 일어날까?

탄산음료를 얼음이 담긴 컵에 따르면 얼음이 없을 때보다 더 많은 거품이 생긴다. 급격하게 차가워지면서 액체 속 이산화탄소가 단번에 기화하기 때문이다.

냉장고에 넣어 두어 차가워진 탄산음료도 얼음이 들어 있는 컵에 따르면 온도가 더욱 내려간다. 그러면 액체의 체적이 수축되면서 이산화탄소에 물리적 자극이 주어지는 것과 비슷한 현상이 발생한다. 이로써 이산화탄소가 급격히 기화해 거품이 넘치는 것이다.

탄산음료를 더 시원하게 마시고 싶지만 거품은 싫다면 음료를 먼저 따른 후 얼음을 나중에 넣으면 된다.

083

누룽지가 생긴 밥이 맛이 있는 이유는?

최근 밥을 지을 때는 대부분 손쉽게 전기밥솥을 이용한다. 이때 물의 양을 적게 잡아서 누룽지가 생기게 하면 누룽지는 물론 밥맛도 좋아진다. 밥이 눌어붙으면서 달콤하고 고소한 맛을 풍기는 성분이 배출되기 때문이다.

물의 양이 적어지면 수분이 부족한 만큼 솥 바닥의 온도가 상승해 120도 정도로 뜨거워진다. 그래서 쌀이 눌어붙어 갈색으로 변하고 포도당과 덱스트린이라는 단맛이 나는 성분이 나와 솥 전체로 퍼지면서 밥이 한층 더 맛있어지는 것이다. 옛날 주부들은 약간 눋도록 밥을 짓고 가장 먼저 누룽지를 맛보는 '특권'을 누렸다.

084

곤약을 더 맛있게 먹으려면 식칼을 대지 말아야 한다?

곤약은 묘한 음식이다. 곤약은 식칼로 자르는 것보다 손으로 찢는 쪽이 훨씬 더 맛있다. 곤약이 금속을 싫어하기 때문으로 식칼을 대면 곤약에 쇳내가 밸 수 있다.
그리고 식칼로 자르는 것보다 손으로 찢을 때 잘려나간 부분의 표면적이 커져서 양념 맛이 훨씬 잘 스며든다. 나아가 단정하게 잘린 평평한 감촉보다 손으로 찢었을 때의 거친 감촉이 곤약과 더 잘 어울려 우리 혀에 닿았을 때 느낌이 좋고 씹는 맛도 강해진다.

085
곤약이 다이어트에 도움이 되는 이유는?

다이어트의 가장 큰 적은 공복감이다. 체중을 줄이려면 먹지 않는 것이 가장 좋지만 배가 고프면 자기도 모르게 음식에 손이 간다. 그래서 다이어트를 하는 사람에게 소중한 대우를 받는 것이 곤약이다.
곤약은 영양학적으로 보면 쌀이나 감자와 마찬가지로 탄수화물이다. 탄수화물은 위와 장을 거쳐 소화 흡수되어 에너지로 변하는데 이때 과도한 탄수화물이 지방을 만드는 원인으로 작용한다. 하지만 곤약의 탄수화물은 포도당으로 바뀌지 않으며 위와 장에서 소화되거나 흡수되지 않는다. 그 때문에 아무리 많이 먹어도 살 찔 걱정이 없다.
그런데 살아가려면 매일 일정한 양의 에너지를 섭취해야 한다.

곤약만 먹을 경우 만복감은 충분히 느낄 수 있더라도 몸에 필요한 에너지를 공급할 수는 없다. 따라서 다이어트를 할 때는 먼저 곤약으로 공복감을 없애고 다른 음식물로 영양을 보충해주는 방법이 가장 바람직하다.

086

프랑스 학교 급식에는 프랑스요리가 나올까?

학교 급식의 발상지는 어디일까? 바로 프랑스다. 1720년 프랑스 사립학교에서 급식이 시작되었다는 기록이 남아 있고, 1849년에는 세계 최초로 학교 급식이 법제화되었다. 현재 프랑스에서는 급식을 하거나 도시락을 싸 오는 것은 학부모와 학생의 선택사항이지만 급식을 이용하는 학생이 당연히 더 많다.

한편 급식 메뉴로 프랑스답게 풀코스가 준비되는 경우도 있다. 애피타이저, 빵이나 파스타를 곁들인 육류와 생선 요리, 그리고 디저트로 구성되는 메뉴는 학교 급식이 맞나 싶을 정도로 호화찬란하다.

더구나 급식 시간은 한 시간 반에서 두 시간. 대화를 나누면서 여유롭게 음식을 먹는다. 지역에 따라서는 급식 시간에 치즈의 이름과 종류를 구분하는 방법을 가르치는 등 급식을 교육의 연장선에서 활용하기도 한다.

087

소금에 절인 배추가 신맛이 나는 이유는?

배추를 소금에 절여 김치를 담그면 시간이 지날수록 신맛이 강해진다. 소금만 넣었는데 왜 신맛이 날까?

이것은 원래 배추 안에 들어 있는 유산균의 활동 때문이다. 배추가 물기를 듬뿍 머금고 있을 때 유산균은 거의 활동하지 않는다. 그러나 소금에 절이면 배추의 수분이 염분 때문에 점차 줄어들면서 유산균의 활동이 활발해진다. 유산균의 발효로 배추는 신맛을 내게 되는데 발효가 과해지면 식초처럼 강한 신맛이 나게 된다.

088

커피의 쓴맛이 달게 느껴지는 이유는?

쓴맛이 도는 약과 달리 맥주나 커피의 쓴맛은 왠지 모르게 달착지근한 느낌이 든다. 왜 그럴까?

쓴맛에는 두 종류가 있기 때문이다. 쓴맛은 혀 안쪽에서 느끼는 맛이다. 이를 좀 더 자세히 구분하면 똑같이 혀 안쪽이라고 해도 비교적 앞쪽에서 느껴지는 쓴맛과 목구멍 가까운 부분에서 느껴지는 쓴맛, 두 가지로 나뉜다.

앞쪽에서 느껴지는 쓴맛에는 일종의 상쾌한 느낌이 있다. 맥주

켁켁
쓴맛이라고 모두 똑같은 건 아니랍니다.
커피나 맥주의 쓴맛을 느끼는 곳
약의 쓴맛을 느끼는 곳
café

나 커피의 맛이 대표적인 예다. 한편, 약처럼 더 깊은 쪽에서 느껴지는 쓴맛은 입속에 계속 남아 있는 쓴맛이다.

089

외국에서 아이스커피를 주문할 수 있을까?

외국에서는 우리가 흔히 마시는 얼음이 잔뜩 들어가고 단맛이 안 나는 아이스커피를 마시는 것이 쉽지 않다.

독일 카페에서 '아이스카페(Eiskaffee)'를 주문하면 커피 위에 아이스크림과 생크림을 올린 묘한 커피가 나온다. 커피라기보다는 파르페라는 표현이 더 어울릴 듯하다. 한편 미국 레스토랑에서 아이스커피를 달라고 하면 따뜻한 커피에 얼음조각 네댓 개를 넣은 미지근한 커피가 나온다.
이렇듯 유럽이나 미국인에게는 커피를 차게 마시는 습관이 없다. 그러나 최근에는 전 세계 주요 도시에 진출한 거대 커피 체인점에서 얼음을 잔뜩 넣은 아이스커피를 마실 수 있다.

090 자일리톨이란?

껌에 포함된 자일리톨은 자작나무나 떡갈나무에 포함되어 있는 천연성분을 가수분해하여 정제해서 만든 당 알코올이다. 당 알코올 중에서도 가장 설탕에 가까운 단맛을 가지고 있지만 칼로리는 설탕의 절반 정도다.
자일리톨 껌 회사에 따르면, 자일리톨은 충치 균이 활성화하는 현상을 억제해 충치 예방 효과가 있다고 한다. 충치 원인균 스트렙토코커스 뮤탄스는 당분을 먹고 사는데 이 균이 당분을 분해할 때 치아 표면을 녹여 충치를 유발하는 산을 발생한다. 하지만 자일리톨은 당분이 적어 충치 균의 에너지원이 되지 않는다. 그래서 충치 균 활성화와 산 생성을 억제하는 효과를 기대할 수 있다.
단, 자일리톨이 들어 있는 껌이라고 해도 상품에 따라 함유량이 천차만별이다. 충치 예방을 기대한다면 자일리톨이 당질의 50퍼센트 이상 함유되어 있는 것을 선택해야 한다.

091 풍선껌은 왜 부풀어 오를까?

1885년, 미국인 프랭크 H. 플리어는 필라델피아에 사탕과 껌을 판매하는 회사를 설립했다. 플리어는 껌을 씹을 때 부풀어 오르는 것을 우연히 발견한 이후 연구를 거듭해 1906년에 풍선껌을 처음 판매했다.

풍선껌이 부풀어 오르는 비밀은 원료에 있다. 껌은 당류, 향료, 감미료 등 맛을 내는 재료와 '껌 베이스'라는 원료를 섞어 만든다. 보통 껌 베이스로 천연수지를 이용하는 반면 풍선껌은 아세트산비닐이라는 합성수지를 활용한다. 아세트산비닐은 원래 쉽게 늘어나는 성질이 있는데, 여기에 유화제를 첨가해 더 부드러우면서도 잘 늘어나게 했다. 그래서 아이들도 풍선을 쉽게 불 수 있는 것이다.

092 젖은 왜 하얀 색일까?

갓난아기가 태어나서 처음 먹는 것은 엄마 젖이다. 사람을 포함한 모든 포유류가 엄마 젖을 먹으며 삶을 시작한다. 포유류의 젖 색깔은 모두 하얀 색이다. 풀만 먹는 소도, 다른 동물을 잡아먹는 사자도, 이것저것 가리지 않고 먹는

니네 엄마 젖은 쪼꼬우유 색깔이야?
쪼꼬맛 일까?
바부, 그럼 니네 엄만 바나나우유니?
인종차별성 발언인 건 알고 있지?
우리 엄만 딸기우유 색깔이었나?...

사람도, 젖은 모두 하얀 색이다. 그 이유는 모유 성분에 차이가 거의 없기 때문이다.

'유백색'이라고도 표현하는 우윳빛은 흰색에 노란색이 섞여 있다. 이는 젖 성분인 지방분과 칼슘의 색깔이다. 원래 회색 기운이 있는 무색 액체에 노란색을 띤 흰색 지방구와 칼슘이 섞여 유백색을 띠는 것이다.

093

녹는 치즈와 녹지 않는 치즈의 차이는?

녹는 치즈는 '내추럴 치즈', 녹지 않는 치즈는 '프로세스 치즈'라고 한다.

내추럴 치즈는 조직을 구성하는 지방, 단백질, 수분 등의 입사가 크고 구조가 느슨하기 때문에 열을 가하면 쉽게 녹는다. 가열하면 먼저 지방이 녹고 단백질도 천천히 녹는다.

한편, 프로세스 치즈는 두 가지 이상의 내추럴 치즈를 가열해서 일단 녹인 다음에 다시 굳힌 것이다. 그 과정에서 치즈가 균일하게 섞이도록 처리하고 유화제를 첨가하기 때문에 조직 입자가 작고 구조가 탄탄해진다. 그 때문에 열을 가해도 녹지 않는다. 열로 인해 수분이 날아가면서 오히려 더욱 굳어진다.

094

굵게 간 후추는 왜 들이마셔도 재채기가 나오지 않을까?

음식에 후추를 뿌릴 때 후춧가루가 콧속으로 들어가서 재채기가 나오곤 한다. 이때 재채기의 원인은 후추의 성분 자체가 아니라 가루의 크기다. 이는 알갱이가 큰 후추나 굵게 간 후추를 코에 가까이 대보는 것으로 쉽게 확인할 수 있다. 후추 향을 가까이에서 맡는다고 해서 재채기가 나오지는 않는다.

가는 후춧가루를 뿌릴 때 재채기가 나오는 것은 콧속 점막이 이물질을 느끼고 밖으로 내보내려는 힘이 작용한 탓이다. 코 점막 표면에 있는 신경이 이물질의 존재를 포착하고 그 정보를 연수로 보낸다. 그러면 반사작용이 발생하는데, 그것이 재채기다. 소금이나 고춧가루가 날릴 때도 마찬가지다. 각각의 성분 차이 때문이 아니라 입자 크기 때문에 재채기를 하는 것이다.

3장
주머니가
두둑해지는
돈·직업
통조림

095

옛날 동전에는 왜 사각 구멍이 있을까?

옛날 동전, 즉 엽전은 한가운데에 사각형 구멍이 뚫려 있다. 둥근 동전을 만들 때 구멍이 사각형인 쪽이 편했기 때문이다. 엽전은 중앙 구멍에 막대를 끼우고 고정시킨 후 바깥쪽을 둥글게 깎아 만들었다. 이때 막대가 들어가는 가운데 구멍이 동그라면 동전이 빙글빙글 돌아가 바깥쪽을 깎아내기 어렵다. 하지만 중앙에 사각 막대를 끼우면 동전이 확실하게 고정되어 동전을 동그랗게 만들기가 용이했다.

096

신용카드는 어떻게 탄생했을까?

신용카드는 1920년대 미국에서 처음 등장했는데, 그 계기는 대량생산되기 시작한 자동차였다. 당시 인기를 끈 자동차는 헨리 포드가 만든 T형 포드다. 이것은 조립라인 방식으로 대량생산된 역사상 첫 대중자동차였다. 일반인도 자동차를 이용할 수 있게 됨에 따라 가솔린 소비량이 엄청나게 증가하며 도시 여기저기에 주유소가 등장했다. 세계 최초의 신용카드는 그 주유소 전용으로 탄생했다. 급유를 할 때마다 운전자가 현금을 준비하지 않아도 되도록 고안된 것이다.

097

1달러 지폐 속 조지 워싱턴은 왜 뾰로통한 표정을 짓고 있을까?

미국 1달러 지폐에 인쇄된 인물은 초대 대통령 조지 워싱턴이다. 지폐 속 초상화에서 그는 화가 난 것처럼 뾰로통한 표정으로 유명한데, 이것은 그가 짜증을 잘 내는 성격이었기 때문은 아니다.

워싱턴은 젊은 시절부터 충치 때문에 고통 받았고 대통령이 되었을 때 이미 의치를 하고 있었다. 그런데 당시 의치는 동물 이빨을 사용해 그 무게가 1킬로그램이 넘었다. 더구나 위아래 이를 용수철로 연결했기 때문에 입만 벌리면 이가 잇몸에서 빠져나와 덜그럭거렸다. 그래서 이를 악물고 있어야 했던 워싱턴은 언제부터인가 화난 사람처럼 뾰로통한 표정을 짓게 되었다.

남의 속도 모르고…
RESERVE NOTE
UNITED STATES
THE
OF AMERICA
ONE
ONE DOLLAR
인상 좀 펴요, 아저씨!

098

노벨 재단은 자금을 어떤 식으로 운용할까?

노벨상의 재원은 기본적으로 다이너마이트 발명가 알프레드 노벨의 유산이다. 그가 남긴 유산은 3,158만 크로나, 오늘날 가치로 치면 2,000억 원도 넘는다. 이것을 운용해서 얻은 이익으로 상금을 지급한다.
처음에는 노벨의 유지를 받들어 안전성이 높은 국채나 부동산을 담보로 자금을 대출, 운용했다. 하지만 제1차, 제2차 세계대전을 치르며 그 영향으로 화폐 가치가 크게 변동을 일으키자 기금이 줄어들지 않도록 주식을 통해 운용하는 방식으로 바뀌었다.
21세기 초를 기준으로 전체 기금의 68퍼센트 가까이를 주식에 투자하고 있다. 즉, 현재의 노벨상 상금은 어떤 국가의 은행이 아니라 노벨 재단이 주식 투자로 벌어들인 돈이다.

099

판다를 중국에서 빌릴 때의 요금은?

중국을 제외한 세계 동물원에 있는 판다는 중국에서 선물하거나 빌려온 것이다.
예를 들어 2000년 7월 일본 고베 시립동물원에서 선보인 수컷 판다 코코와 암컷 판다 탕탕은 판다 번식에 관한 중국과 일본의 공동연구를 목적으로 고베시가 중국 야생동물보호협회에서 빌려온 것이다. 물론 공짜는 아니다. 고베시는 기부금 명목으로 이 협회에 연간 100만 달러(13억 원 정도)의 임차료를 지불해야 한다.

2016년 에버랜드에 한중친선도모의 상징으로 들어온 판다 한 쌍 아이바오와 러바오도 15년간 판다 보호연구를 조건으로 임대한 것으로 매년 연구비 100만 달러를 지불한다. 2020년에 태어난 새끼 판다 푸바오 역시 중국 소유로 매년 연구비 50만 달러를 지불한다.

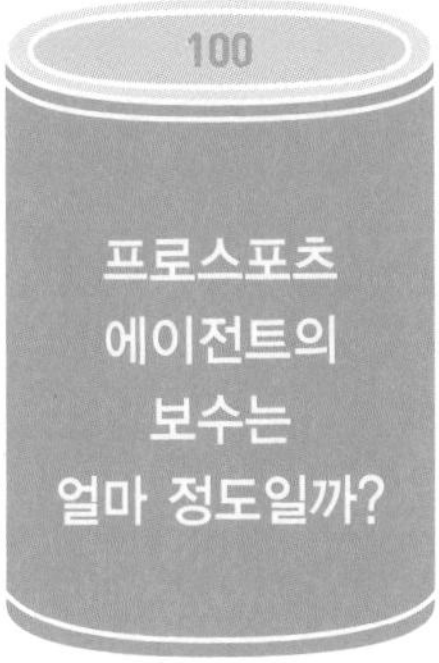
100
프로스포츠
에이전트의
보수는
얼마 정도일까?

메이저리그나 NBA 등 미국 프로스포츠 세계에서는 선수와 팀의 연봉 교섭이나 기업과의 광고 계약을 선수의 대리인, 즉 에이전트가 담당하는 것이 상식이다. 가장 큰 이유는 선수가 이런 교섭에 직접 신경 쓰지 않고 운동에만 집중하기 위해서다.

하지만 이것이 결과적으로는 선수의 연봉을 크게 올려놓는 원인이 되었다. 에이전트의 보수는 계약금이나 선수 연봉의 5~20퍼센트다. 따라서 선수 연봉이 올라갈수록 에이전트의 수익도 증가하기 때문에 교섭에 열정적으로 임하는 것이 당연하다.

에이전트는 계약 성사뿐 아니라 선수가 살 집을 알아봐주고 선수의 자녀 관련 일에도 최선을 다해 처리해준다. 그 결과로 선수의 성적이 좋아지면 연봉이 오르고 나아가 자신의 수익도 높아지기 때문이다. 이 세계에서는 연봉 10억 원 이상을 받는 에이전트가 드물지 않다.

101

고등학생과 대학생의 시급이 차이 나는 이유는?

아르바이트 세계에서는 고등학생과 대학생의 시급 차이가 꽤 많이 난다. 하지만 일의 내용 때문은 아니다. 실제로는 똑같은 일을 하는 경우가 많은데도 이런 차이가 발생한다. 그 이유는 무엇일까?

'고용자의 논리'에 의하면, 일단 대학생이 고등학생보다 사회적 상식이 풍부하다는 것이다. 예를 들어 같은 응대 업무를 하더라도 고등학생보다 대학생이 손님을 상대할 때 더 능숙하게 잘 해낼 것이라고 생각한다.

또 하나는 고등학생보다 대학생이 시간 여유가 있어서 근무시간을 조절하기 쉽다는 것이다. 고용자 입장에서는 일주일에 하루보다는 사흘, 한 번에 3시간보다는 6시간이라는 식으로, 가능하면 충분한 시간을 내서 일을 하는 것이 도움이 된다. 그래서 시급에 차이를 둔다고 한다.

102

검사는 왜 가방이 아닌 보자기를 사용할까?

재판 관련 보도에서 잰걸음으로 법원을 드나드는 검사와 변호사가 보자기로 싼 커다란 자료 뭉치를 들고 다니는 것을 볼 수 있다. 왜 재판에 필요한 자료를 가방에 넣지 않고 보자기에 싸서 들고 다닐까?

구태의연한 게 시스템만은 아니지.
음...
?
왠지 욕같은데...

법원 일은 처음부터 끝까지 모두 종이에 기록된다. 그러므로 재판 관련 막대한 기록은 평범한 가방에 다 들어갈 수 없을 때가 많다. 그래서 보자기가 등장한 것이다.

하지만 사무실에서 법원까지 보자기를 들고 가는 것이 창피하다는 이유에서, 도저히 가방에 넣을 수 없을 정도로 양이 많을 경우에만 보자기를 사용하는 변호사도 많다. 또, 검찰청과 법원의 거리가 가깝기 때문인지 변호사보다는 검사 쪽이 보자기를 더 많이 사용하는 듯 보인다.

103
속임수가 가장 많은 도박은?

동양과 서양을 가리지 않고 어떤 도박이든 속임수를 쓸 수 있다. 그렇다면 속임수가 가장 많은 도박은 무엇일까? 바로 화투다. 우선, 화투는 트럼프와 달리 손 안에 감추기 쉽다. 또 적당하게 두툼해서 타짜는 슬쩍 보기만 해도 몇 장인지 알 수 있다. 적당히 떼어놓는 척하며 원하는 화투장을 맨 위나 맨 아래에 놓을 수도 있다. 화투 자체가 여러 속임수를 펼치기 쉬운 형태인 것이다. 더 노골적인 속임수도 있다. 타짜는 가장자리 그림 2~3밀리미터만 봐도 어떤 것인지 알 수 있으며 컵에 든 물이나 라이터에 희미하게 비친 모습으로도 상대 패를 알아차린다.

104 여권을 신청할 때 왜 수입인지를 붙일까?

수입인지는 원래 계약서나 영수증 등 거래 내용을 문서로 만든 물건에 붙이는 것으로 이것이 없으면 법적으로 무효가 되는 경우가 많다. 말하자면 수입인지는 민간인 간 거래에 국가가 일종의 증인이 되어주는 것으로 확실하게 세금을 납부하게 하기 위한 시스템이다.

그렇다면 여권 신청을 하거나 재판비용을 지불하는 등 민간인 간 거래와 아무런 관련 없는 서류에는 왜 수입인지를 붙여야 할까? 이런 경우에 붙이는 수입인지는 세금이 아니라 수수료 의미다. 여권을 발급하면서 현금으로 수수료를 받으면 관리하기가 번거롭다. 즉, 현금만 사용하지 않는다면 우표를 붙여도 상관없지만 우표 용도는 특정 지어져 있기 때문에 수입인지를 선택한 것이다.

105 비행기 납치범과 언어 소통이 안 될 때 기장은 어떻게 대응할까?

손에 총을 든 남자가 조종실 문을 강제로 열고 "○△○×○!"라고 고함을 질렀다. 기장은 납치범이라는 사실을 즉시 알았지만 납치범이 하는 말을 알아들을 수 없다! 이럴 때 기장은 어떻게 대응할까? 아무리 어학 실력이 뛰

......
죄송한데...
매뉴얼에
안 나오걸랑요..

어난 조종사라고 해도 모든 언어에 능통할 리는 없지 않은가? 그러나 걱정하지 않아도 된다. 기장은 납치범용 '회화 매뉴얼'을 휴대하고 있으니까! 매뉴얼에는 범인이 무엇을 요구하고 어디까지 가고 싶어 하는지 등 범인의 요구 관련 사항 50개 정도가 영어, 프랑스어, 중국어, 러시아어, 포르투갈어 등으로 쓰여 있다. 따라서 최소한의 대화가 성립될 수 있다. 물론 기장이 이 매뉴얼을 바탕으로 말하는 것은 가능하지만 상대방의 대답을 이해하지 못할 수도 있다. 결국 실제로 그런 일이 발생한다면 매뉴얼과 더불어 경험에 의지하는 수밖에 없다.

106

기장은 승객보다 맛있는 기내식을 먹을까?

경쟁이 치열한 항공업계. 각 항공회사는 조금이라도 맛있는 기내식을 제공하고자 지혜를 짜낸다. 그런데 비행기를 조종하는 기장은 무엇을 먹을까? 승객과 같은 것을 먹을까? 승객보다 더 맛있는 음식을 먹을까?

식사 시간이 되면 승무원이 기장에게 따뜻한 식사를 할 것인지 샌드위치 같은 차가운 식사를 할 것인지 묻는다. 기장이 따뜻한 식사를 선택하면 부기장은 자동으로 차가운 식사를 하게 된다. 두 사람이 다른 음식을 먹는 이유는 식중독 때문이다. 서로 다른 음식을 먹으면 적어도 한쪽은 아프지 않을 수 있어 무사히 이착륙과 운항을 할 수 있다. 기장은 적어도 옆에 앉은 부기장보다 먼저 자기가 원하는 식사를 선택할 수 있을 뿐 승객보다 더 맛있고 좋은 음식을 먹는 것은 아니다.

107 우주복의 속옷은 사복일까 제복일까?

우주선 승무원이 되면 우주선 안에서 사용하는 다양한 물건을 지급받는다. 움직이기 편한 투피스 형태의 플라이트 수트(우주선 안에서의 작업복)는 물론이고 신발, 장갑, 우주비행용 시계, 수면용 눈가리개, 귀마개, 선글라스, 칼 등. 그리고 연푸른색 반팔 셔츠와 팬티, 브래지어 같은 속옷 종

진짜인 듯한데…
ㅋㅋㅋ~
이거 몰래카메라 맞지?
누가 속을 줄 알고!

류도 제복으로 지급된다. 단, 착용하는 것은 개인의 자유다. 실제로 여성 비행사 중에는 브래지어를 착용하지 않고 우주여행을 다녀온 사람도 있다.

108

우주선 조종사는 우주인을 만났을 경우를 대비해 훈련을 받는다?

비행기 조종사는 납치 경우를 대비해 훈련을 받는다. 그렇다면 우주선 조종사는 우주인을 마주칠 경우를 대비해 훈련 받고 있지 않을까?

우주에서 일어날 수 있는 모든 상황에 대비할 수 있도록 그런 훈련이 있을 거라고 생각하기 쉽지만 실제로 그런 훈련은 없다. 어떤 우주인을 만나게 될지 모르는데 무슨 훈련을 할 수 있겠는가? 그리고 그 이전에 대다수 우주 관계자가 우주인의 존재를 인정하지 않는다고 한다.

109

바다에서 멀리 떨어져 있는 수족관은 바닷물을 어떻게 가져올까?

바다 근처 수족관에서는 바다와 파이프를 직접 연결해 바닷물을 끌어 온다. 그렇다면 바다에서 멀리 떨어져 있는 수족관은 어떻게 할까?

유럽이나 미국에서는 담수에 식염을

첨가해 인공바닷물을 만들기도 하지만 대개 전용 선박을 이용해 먼 바다로 나가서 깨끗한 바닷물을 퍼 올린다. 그리고 육지에 도착하면 급수차를 배정해 바닷물을 각 지역으로 보낸다. 한 번 조달한 바닷물은 순환방식을 거쳐 여러 번 사용할 수 있다. 하지만 하루에 보충해야 하는 바닷물이 수십 톤에 이르기 때문에 내륙에 있는 수족관이 바닷물 확보하는 것은 쉬운 문제가 아니다.
한편 바다 근처 수족관에서도 배를 타고 수십 킬로미터 떨어진 곳까지 가서 물을 퍼 오기도 한다. 육지와 가까운 바다는 공업용수와 생활폐수로 오염되어 있어 안심하고 사용할 수 없기 때문이다.

110 식물원에서는 식물을 어떻게 모을까?

식물원에 가보면 한 번도 본 적 없는 특이한 식물이 많다. 이렇게 귀한 식물은 어떻게 모을까?
가장 먼저 필요한 것은 커다란 수목이나 키 낮은 관목이다. 이들은 일반 가정에서도 볼 수 있는 정원수이기 때문에 조경회사에 부탁하면 된다. 그리고 산이나 들에서 볼 수 있는 야생식물은 직접 캐서 흙이 붙어 있는 상태로 운반한다. 그러나 해외 식물은 질병이나 해충을 옮길 수 있기 때문에 흙과 함께 국내로 들여올 수 없다.
따라서 식물원이나 연구소 등에서는 자국 식물의 씨앗이나 묘목을 상대 국가 식물원과 교환하는 형식으로 들여온다. 때로는 연구원이 직접 현지에 가서 묘목이나 씨앗을 채집해 오는 경우도 있다.

111 투우에서 쓰러진 소는 어떻게 처리될까?

투우장에서 투우사와 겨루다 쓰러져 죽은 소는 어떻게 될까?
우선 소를 해체해 총 무게를 단다. 그 과정에서 물이나 먹이를 억지로 먹여 일시적으로 체중을 늘렸는지, 사육사가 부정한 짓을 하지는 않았는지 점검한다. 이 검사를 통과하면 일반 소와 마찬가지로 정육점으로 보낸다. 결국 사람의 배 속으로 들어가는 것이다.
원래 투우용 소는 좋은 혈통을 타고난 것 가운데 선발되어 후한 대접을 받으며 사육된다. 더구나 투우장에 나오는 것은 체격이 좋고 한 번도 교미를 시키지 않은 4~6세 수소뿐이다. 그래서 육질이 부드럽고 맛이 좋다. 단, 광우병이 유행하던 시기에는 투우 고기가 팔리지 않았다. 투우의 본고장 스페인에서도 지방의 소규모 투우장은 귀중한 수입원을 잃고 투우 경기 자체가 많이 줄어들기도 했다.

112 브로커의 의미는?

물건이나 권리의 매매를 중개하는 사람을 '브로커(broker)'라고 부른다. 그런데 broker라는 단어 자체는 '부수는 사람'을 의미한다. '중개하는 사람'과 '부수는 사람'이라니, 그 의미가 잘 연결되지 않는다.

이 말의 어원은 11~14세기 영국에서 쓰인 프랑스어 '브로쿠르(brocour)'다. 브로쿠르는 '술통 마개를 연다'는 의미로, 와인통에 구멍을 내서 술을 한 잔씩 파는 사람을 가리켰다. 이렇게 잔술을 팔던 브로쿠르의 능력이 점차 확장되고 장사 규모가 커지면서 와인을 술통째 판매하게 되었다. 현재의 브로커와 비슷한 일을 하기 시작한 것이다.

113 피에로는 왜 눈물을 흘릴까?

하얀 얼굴에 흐르는 한 줄기 눈물. 광대 역할을 담당하는 피에로 분장의 모델은 19세기 초에 활동한 프랑스 판토마임 배우 장 가스파르 드뷔로다.

피에로의 원형은 16세기 이탈리아 가면 희극(코메디아 델라르테)의 등장인물 가운데 얼굴을 하얗게 칠한 광대 '페드롤리노'다. 시간이 흐르

피에로가 슬퍼 보이는 게 이유가 있었군…
훌쩍

면서 이 가면 희극은 유럽 전체로 퍼졌고 17세기 후반에 피에로는 프랑스 남성의 이름 피에르(Pierre)의 애칭으로 친숙해졌다.
19세기에 접어들었을 때 드뷔로라는 명배우가 등장했다. 커다란 인기를 끌던 그는 마지막 무대에서 피에로를 연기하며 너무 감격해 진짜 눈물을 흘렸다. 그때부터 애수로 가득 찬 눈물을 흘리는 피에로의 지금과 같은 모습을 볼 수 있게 되었다.

114
아카데미 수상자나 수상작을 어떻게 선발할까?

아카데미상은 할리우드가 있는 로스앤젤레스 지역에서 전년도에 처음 개봉한 작품 중 유료로 일주일 이상 상영된 작품을 대상으로 선정한다. 주최는 로스앤젤레스에 거점을 두고 있는 영화예술과학아카데미. 이 아카데미에 관여하고 있는 기자, 평론가, 프로듀서, 감독, 배우, 각본가, 촬영 담당자 등의 영화관계자가 투표를 해서 정한다.
우선, 협회가 만든 리스트를 바탕으로 회원들은 1인당 다섯 작품까지 투표한다. 감독상은 협회의 감독분과위원회 회원만 투표할 수 있는 등 각 부문에 따라 세밀한 규정이 있다. 제1차 투표에서 각 부문마다 다섯 작품(또는 다섯 명)을 후보로 정하고 결선 투표에 들어간다. 이 투표에서 가장 많은 표를 얻은 작품(사람)이 상을 받는다.

115

드라마나 영화에 엑스트라로 나갔을 때 눈에 띌 수 있는 비결은?

드라마나 영화에서 엑스트라 역할을 맡게 되었다고 해보자. 어떻게 해야 조금이라도 더 눈에 띌 수 있을까?
만약 샐러리맨 역할을 맡았다면 다른 엑스트라보다 조금 튀는 양복을 입으면 된다. 대부분 별로 눈에 띄지 않는

거의 밤무대 의상
카트 카트!
저 녀석 뭐야?!
장례식 씬에
옷차림이 저게 뭐야!!
DIRECTOR

짙은 색 양복을 입곤 한다. 그러나 출연자가 모두 그렇게 비슷한 옷을 걸치고 있으면 관객은 오히려 부자연스럽게 느낄 수 있다. 이때 다른 사람과 차별되는 옷을 걸치면 카메라맨은 색깔의 조화를 위해 자연스럽게 초점을 맞출 것이다. 그러면 화면에 더 많이 잡힐 수 있다. 야간 촬영에서도 밝은 옷을 입는 식으로 다른 사람과 다른 옷을 입는 것이 사람들 눈에 띌 수 있는 손쉬운 포인트다.

116
왜 테너가수가 인기 있을까?

루치아노 파바로티, 플라시도 도밍고, 호세 카레라스는 클래식 음악에 흥미가 없는 사람도 잘 알고 있는 세계 3대 테너다. 그런데 세계 3대 베이스, 세계 3대 바리톤은 잘 들어보지 못했다. 베이스나 바리톤 가수가 수만 명의 관객을 모았다는 이야기도 들어본 적이 없다. 왜 그럴까? 여기에는 나름대로 사정이 있다.

우선 오페라에서는 대부분 테너가 주연을 맡는다. 주로 멋진 역할인 데다 가창력을 뽐낼 수 있는 장면도 당연히 많다. 그에 비하면 베이스나 바리톤 등 낮은 목소리는 악역을 담당하는 경우가 많다. 또 테너 가수의 장기인 높은 음역에는 원래 사람을 도취시키는 힘이 있다. 여성 소프라노도 마찬가지다. 사랑과 슬픔이 깃든 노래를 고음으로 부르면 사람들은 자기도 모르게 노래에 빠져든다. 그런 도취감을 안겨주기 때문에 테너가수가 세계적으로 인기를 얻는 것이다.

4장
아이큐를
높여주는
언어통조림

117 '마멀레이드'라는 이름의 유래는?

마멀레이드(marmalade)는 여왕의 이름에서 유래했다는 설이 있다.

16세기 스코틀랜드에 메리 스튜어트라는 여왕이 있었다. 그가 어렸을 때 열이 나서 식욕을 완전히 잃어버린 적이 있었다. 그때 요리사가 지혜를 짜내어 만든 음식이 '마멀레이드'였다. 요리사는 '마리 에 말라드(Marie est malade, 메리 공주님이 아프다)'라고 중얼거리며 오렌지 잼을 만들었다. 이 '마리 에 말라드'가 변해서 '마멀레이드'가 되었다는 설이다.

그러나 이보다 좀 더 설득력 있는 이야기가 전하는데, 포르투갈어로 '마르멜라다(marmelada)'라고 부르는 잼 이름에서 따왔다는 것이다.

118 '오믈렛'이라는 이름의 유래는?

오믈렛(omelette) 어원을 두고 여러 이야기가 전한다. 그중 스페인 왕의 말에서 비롯되었다는 설이 있다.

왕이 농촌을 방문했을 때 갑자기 배가 고파 무엇이든 먹고 싶어졌다. 그때 한 남자가 재빨리 달걀요리를 만들어 바쳤다. 왕은 칭찬을 아끼지 않으며 이렇게 말했다. "켈 옴므 레스트(Quel homme lest, 정말 재빠른 이구나)." 그래서 그가 만든 요리를 '오믈렛'이라고 부르게 되었다고 한다. 그런데 이는 다소 알쏭달쏭한 부분이 있다. 스페인에서는 오믈렛을 '토르티야'라고 부르며 '오믈렛'이라고 하면 전혀 알아듣지 못하기 때문이다.

한편 프랑스어 '오믈레트(omelette)'는 '칼날'을 의미하는 '알루메트(alumette)'가 변형되어 나왔다는 설도 있다. '알루메트'는 라틴어에서 '얇은 판'을 의미하는 '라멜라(lamella)'에서 파생되었다고 한다. 달걀을 얇은 판처럼 납작하게 굽는 조리법에서 나온 명칭이라는 것이다.

119

프루트펀치에서 '펀치'는 무슨 뜻일까?

프루트펀치(fruit punch)에서의 '펀치'는 원래 힌디어로 5를 의미한다. 다섯 가지 재료를 섞어 만든 음료수라는 뜻에서 이렇게 부르게 되었다. 다섯 재료는 물, 설탕, 레몬주스, 향신료, 술이다. 이 펀치에 각종 과일을 넣어 마시게 되면서 프루트펀치라고 불리게 되었다.

파티나 뷔페 등에서 다수의 사람들을 위해 제공되는 프루트펀치는 흔히 넓은 펀치볼(punch bowl)에 펀치를 담고 얼음, 잘게 썬 과일을 띄워 제공한다.

프루트 펀치!
그런 뜻이었군.
힌디어로 '5'란 뜻이지.
물
설탕
레몬 주스
스파이스
술

120 쇼트케이크의 '쇼트'는 무슨 뜻일까?

쇼트케이크는 스펀지 위에 생크림과 딸기를 올려놓은 작은 케이크다. 하지만 '쇼트(short)'라는 말은 그 크기, 생크림, 딸기와는 아무런 관계가 없다. 이 케이크를 '쇼트케이크'라고 부르게 된 데에는 다른 이유가 있다.

원래 쇼트케이크는 스코틀랜드 농촌지방의 케이크로 커다란 쿠키 같은 과자였다. 결혼식 때 이 쇼트케이크로 신부 머리를 때려 한 번에 부서지지 않으면 좋은 인연이 아니라고 여겼다. '쇼트'에는 '짧다'는 의미 이외에 약하다거나 부서지기 쉽다는 뜻도 있다. 또 스코틀랜드 별명도 '쇼트랜드'다. 그래서 이 과자를 '쇼트케이크'라고 부르게 되었다. 지금의 쇼트케이크는 이 과자와는 전혀 다르다. 그러나 과일이나 생크림으로 장식했기 때문에 부서지기 쉽다는 점은 같아서 '쇼트케이크'라는 이름으로 부르는 것이다.

121
발사미코 식초의 '발사미코'는 무슨 뜻일까?

발사미코(Balsamico) 식초는 이탈리아 요리에서 빼놓을 수 없다. 발사미코 식초의 원산지는 이탈리아 북부 모데나. 원료는 포도인데 그 과즙을 끓여 술통 안에서 숙성시켜 만든다. 밤나무와 벚나무 등으로 만든 술통의 나무 향기가 식초에 스며들어 독특한 찰기와 진한 향기를 낳는다. '발사미코'라는 이름은 바로 이런 제조방법에서 유래된 것이다. 발사미코는 이탈리아어로 '향기가 난다'는 의미. 술통 안에서 숙성시킨 식초에 어울리는 이름이다.

122
'커피'라는 이름의 유래는?

커피는 영어로 coffee, 프랑스어로 café, 한자로 珈琲라고 쓴다. 한자로는 珈琲, 哥非乙,

哥喜, 骨喜, 苛菲 등으로도 썼다. 에티오피아 원산의 커피를 처음 마신 것은 아라비아인으로 11세기 무렵 이미 애용하고 있었다. 원래 자극이 강한 음료이기 때문에 오랜 세월 동안 즐겨 마시다보니 나중에 기호품이 되어 남미나 하와이 등 다른 열대지역에서도 재배하게 되었다. 따라서 커피라는 이름도 원래는 아라비아어다. 발음은 '카파'에 가까웠는데 유럽 각지로 퍼지는 과정에서 각 지역 발음으로 바뀌었다.

123 '동 페리뇽'이라는 이름의 유래는?

17세기 후반 프랑스에 피에르 페리뇽(Pierre Pérignon)이라는 사제가 있었다. 그는 수도원에서 포도주 담당이었는데, 어느 날 충분히 발효되지 않은 포도주가 담긴 병이 폭발한 것을 보았다. 병 안에서 발생한 탄산가스 때문이었는데, 깨진 병에 남겨진 술에는 독특한 풍미가 있었다. 샴페인은 이렇게 탄생했다. '페리뇽 사제'를 의미하는 '동 페리뇽'은 고급 샴페인 이름으로 역사에 남았다.

한편 후대 와인 전문가들은 페리뇽 이전부터 샴페인이 존재했으며, 페리뇽은 포도 여러 종을 섞어 맛을 향상시키고 마개를 끈으로 묶는 기법을 개발해 샴페인을 널리 보급하는 데 큰 공로를 했다고 평가한다.

커피
미국사람
까페
프랑스 사람
가배
중국사람
오리지널
아라비아 사람

124 ‘알코올’의 어원은?

‘알코올(alcohol)’의 어원은 술과는 아무런 관련이 없다. 고대 이집트에서는 눈꺼풀과 속눈썹에 검은 가루인 ‘코올(kohl)’을 진하게 발랐다. 코올은 ‘안티몬 가루’로, 눈물샘을 자극해 눈 염증을 예방하고 눈부심을 줄이는 효과가 있었다고 한다. 코올 앞에 관사 ‘알(al)’을 붙여 안티몬 가루를 ‘알코올’이라고 부른 것이다.

125 영어에서 소를 가리키는 단어가 여러 개인 이유는?

영어로 소는 뭘까? 수소는 옥스(ox), 암소는 카우(cow)다. 그런데 비프(beef)라고 생각한 사람도 있었을 것이다. 비프는 쇠고기로 살아 있는 소를 가리키지는 않는다. 그 밖에도 돼지는 피그(pig)고 돼지고기는 포크(pork), 양은 시프(sheep)고 양고기는 머튼(mutton)이다. 이렇게 이름이 바뀐 것은 소를 기르는 민족과 먹는 민족이 달랐기 때문으로, 1066년 노르만인이 잉글랜드를 정복한 것이 계기였다.
원래 스칸디나비아 지방에 있던 노르만인은 일단 프랑스에 정착한 뒤에 잉글랜드를 정복했다. 그리고 지배자로 군림하며 잉

피그(Pig) 동생,
나 조만간 개명할 것 같네.
비프(Beef)로…
식탁에서
다시 만나세.
다음 주로
날짜가
잡혔대요.
전 포크(Pork)가
될 거래요, 옥스(Ox) 형.

글랜드의 색슨인을 혹사했다. 그 때문에 소를 기르는 동안 사람들은 색슨어(영어의 모체)로 '카우'라고 불렀고 요리를 먹는 주인들은 프랑스어로 '뵈프(boeuf)'라고 불렀다. 옥스, 카우, 비프의 차이는 잉글랜드가 프랑스에서 온 정복자들에게 점령당한 시대의 유물이다.

126
'부야베스'는 무슨 뜻일까?

부야베스(bouillabaisse)는 지중해식 해물 스튜로 프랑스 남부 최대 항구도시 마르세유의 전통 요리다.

쏨뱅이, 도미, 성대, 새우, 게 등 해산물에 채소를 넣고 올리브오일, 소금, 후추로 맛을 내는 이 음식은 원래 남부 프랑스가 아닌 영국에서 탄생했다고 한다. 고대 그리스에서 해물을 끓인 요리 '카카비아(kakavia)'가 영국 식민지였던 남부 프랑스 마르세유에 전해졌다. 이때 '부야베스'라는 이름을 얻었다.

'부야베스'는 사실 조리법에서 나온 이름이다. 맛있는 부야베스를 만들려면 우선 팔팔 끓이고(bouillir, 부이르) 이후 불을 약하게 해서(abaisser, 아베세) 뭉근히 익혀야 한다. 이 두 과정을 의미하는 말이 합쳐져서 '부야베스'로 불리게 되었다. 프로방스 방언으로 '볼라베사(bolhabaissa)'라고도 한다.

127 외국인이 말하는 영어는 왜 빠르게 들릴까?

해외여행 중 영어로 말하는 상대에게 조금 천천히 말해달라고 부탁한 적은 없는가? 아무리 이해하려고 해도 영어로 빨리 이야기하면 알아듣기 어렵다. 물론 평소 우리에게 영어가 친숙하지 않기 때문이다. 하지만 발음 방식 때문에 영어가 빠르게 들리는 것이기도 하다.

영어에서는 한 단어에서 악센트가 강하게 들어가는 음절과 그렇지 않은 음절의 발음 차이가 크다. 악센트가 강하게 들어가는 음절은 강하고 높게, 또한 명료하게 발음하지만 그 이외의 부분은 약하고 애매하게 발음한다. 그 때문에 영어에 익숙하지 않은 사람일수록 악센트가 강한 음절만 귀에 남아 전체를 알아듣기 어려운 것이다.

128 영어에는 왜 형이나 동생을 의미하는 단어가 없을까?

영어에서 형은 '엘더 브라더(elder brother)', 여동생은 '영거 시스터(younger sister)'다. 그러나 elder나 younger를 붙여 말하는 경우는 거의 없다. 형제는 단순히 brother이고 자매는 sister다. 우리처럼 형제 사이의 위아래를 거의 의식하지 않는다. 유럽이나 미국에서는 형제간에 서로 이름을 부르며 오빠, 형, 누나, 언니 등 그 관계를 부르지 않는다. 다른 사람에게 소개할 때에도 형제간이라는 사실을 전하면 그가 형인지 동생인지는 흥미를 보이지 않는다. 부모님이 "형(오빠) 말 잘 들어라"라고 가르치지 않는다. 이것이 서양 방식이다. 그렇기 때문에 형이나 동생을 의미하는 단어가 필요하지 않았던 것이다.

129 비행기 납치를 왜 '하이잭'이라고 부를까?

비행기를 공중 납치하는 것을 '하이잭(hijack)'이라고 한다. 이때 '하이'를 비행기의 높은

Hi, Jack!
사람 잘못 보셨는데요.
잭 아닌데…
여기 함부로 들어오시면 안됩니다~

고도, '잭'은 납치와 관련된 말이라고 생각하기 쉽다. 그런데 원래 하이잭은 열차 납치를 가리키는 말이었다.

미국 서부 개척 시대에는 열차강도가 자주 출몰했다. 그들은 열차를 세우고 총을 들이대며 위협해서 승객의 현금과 보석을 강탈했다. 그때 강도가 기관사에게 처음 건넨 말이 "하이, 잭(Hi, Jack)!"이었다. 잭은 흔해 빠진 남성 이름으로, 미국에서는 모르는 남성을 '잭'이라고 불렀다. 즉, '하이잭'은 원래 이 말을 사용한 열차강도를 가리키는 말이었다. 그러다 비행기가 날아다니는 시대가 오면서 비행기 납치를 의미하게 되었다.

130 로마자는 정말 이탈리아에서 탄생했을까?

로마자의 '로마'는 지금의 이탈리아 수도가 아니라 고대 로마제국을 의미한다.

2,000여 년 전 고대 로마에서는 라틴어를 사용했지만 문자는 없었다. 그러다 에트루리아인을 통해 그리스 문자를 알게 되었다. 이것을 로마식으로 손본 것이 로마자다. 이윽고 고대 로마제국이 세력을 확장하면서 라틴어와 로마자가 유럽 전체로 퍼져 나갔다. 현재 이탈리아어, 프랑스어, 스페인어 등은 라틴어의 직계 자손에 해당한다. 그리고 로마자는 영어에도 쓰이면서 대영제국의 힘과 함께 전 세계로 전파되었다. 베트남어, 필리핀어 등도 로마자를 바탕으로 고안된 것이다.

131 크리스마스를 왜 X-mas라고 쓸까?

12월이 되면 가게 쇼윈도에는 크리스마스트리를 비롯한 다양한 장식이 진열되고 거리 이곳저곳에서 X-mas라는 문자를 볼 수 있다. 물론 X-mas는 크리스마스를 가리키는데 영어로는 Christmas라고 쓴다. 그런데 왜 C가 아닌 X로 시작할까? 이는 그리스도의 머리글자를 딴 그리스어다. 그리스어에서 그리스도는 XPIETOE라고 쓴다. mas는 '미사'를 뜻한다. 크리스마스는 본래 '그리스도를 위한 미사'라는 의미다.

132 비행기 조종실을 왜 '콕피트'라고 부를까?

비행기 조종실을 일컫는 '콕피트(cockpit)'는 무슨 의미일까?

영어에서 cock은 '수탉', pit는 '구멍' 또는 '장소'를 뜻한다. 그러니까 '콕피트'를 단어 뜻 그대로 번역하면 '닭싸움터'다. 왜 비행기 조종실을 이렇게 불렀

꼬꼬댁
꼬꼬댁
꿀꿀꿀꿀꿀꿀—
완전히 동물농장이군.

을까?

과거에는 조종사의 움직임이 마치 싸움닭처럼 보였기 때문이라고 한다. 비행기 조종실은 매우 좁은 데다 수많은 계기판이 있다. 특히 이착륙할 때 조종사는 조종간을 격렬하게 움직이며 계기판을 체크한다. 팔과 머리를 정신없이 움직이는 그 모습이 닭싸움을 연상시켜 '콕피트'라고 부르게 되었다고 한다.

덧붙여 스튜어디스는 원래 '돼지우리를 지키는 사람'이라는 의미. 그렇다면 승객이 '돼지'라는 말일까?

133
유명한 행진곡 〈보기 대령〉은 누구를 가리킬까?

영국 작곡가 중 케네스 앨퍼드를 아는가? 영화 〈콰이강의 다리〉 테마곡 〈콰이강 행진곡〉 작곡가라고 하면 알기 쉬울 것이다. 우리에게 친숙한 그 행진곡은 1913년에 작곡되어 제1차 세계대전 때 널리 유행했다. 이 곡의 본래 명칭이 〈보기 대령〉이다. 보기 대령은 실존 인물은 아니다.

앨퍼드는 골프를 무척 좋아했다. 그의 골프 동료 가운데 규정 타수보다 한 타 더 많은 보기(bogey)를 자주 치는 사람이 있었다. 이 사람은 보기를 치고 나서는 반드시 휘파람을 불었다. 앨퍼드는 그 휘파람 선율에서 힌트를 얻어 멜로디를 떠올렸다고 한다. 그 때문에 이 곡에 〈보기 대령〉이라는 이름을 붙인 것이다.

134
18K의 K는 어떤 의미일까?

만년필 펜촉에 14K, 18K 같은 표시가 있고 액세서리에도 18K 목걸이 따위의 표현을 쓴다. 이것은 모두 금 함유량을 나타내는 말로, 여기서 K는 무게 단위인 '캐럿(carat)'을 의미한다. 캐럿은 다이아몬드 무게를 나타내며 합금에 포함되어 있는 순금의 양을 나타내는 단위이기도 하다. 순금은 24K이고 14K는 24분의 14(58.3퍼센트), 18K는 24분의 18(75퍼센트)만큼 금을 함유하고 있다는 의미다.

135
인플루엔자에는 왜 홍콩형과 소련형이 있을까?

매년 겨울이 시작되자마자 인플루엔자 예방 접종이 안내된다. 그럴 때 홍콩 인플루엔자, 소련 인플루엔자 같은 이름이 등장하곤 한다. 왜 인플루엔자에 홍콩이나 소련이라는 이름이 붙었을까?

인플루엔자 이름에 처음 환자나 동물에게서 바이러스를 분리하는 데 성공한 연구소가 있는 국가나 지역 이름을 붙이는 관습 때문이다. 그러니까 홍콩형과 소련형은 각각 홍콩과 구소련 연구소에서 발견된 바이러스를 말한다. 그들 국가에서 크게 발생

나는 홍콩에서 발견됐다해. 넌 어디 출신이냐해?
소비에트 연방이므스키!
A
A

했다는 의미가 아니다.

한편 인플루엔자는 A형, B형, C형이 있고 그중 크게 유행하는 것은 A형과 B형이다. 특히 A형은 인간의 저항력에 대항해 매년 형태를 바꾸기 때문에 예방주사를 맞아도 크게 도움 되지 않는다.

136 연필 농도를 나타내는 H, B, F는 어떤 의미?

연필에 표시된 H, B가 농도를 의미한다는 것은 알고 있어도 어떤 말의 생략인지는 모르는 사람이 많다.

농도가 옅다는 의미의 H는 Hard(단단하다), 농도가 짙다는 의미의 B는 Black(검다)의 약칭이다. 그런데 F에 대해서는 두 가지 설이 있다. 첫째, Firm(확실한, 분명한)의 약칭이라는 설, 둘째, Feminine(여성의)의 약칭이라는 설. 연필이 태어난 독일에는 관련 자료가 있었다지만 제2차 세계대전 중 소실되었다고 한다. 따라서 F의 진실은 아무도 모른다.

137
퍼센트는 왜 %라고 표기할까?

백분율을 나타내는 퍼센티지는 전 세계 공통으로 %라고 표기한다. 원래는 C/O라고 표기했다. 이 퍼센트라는 단위는 중세 이탈리아 베네치아와 제노바를 중심으로 지중해 무역이 왕성하던 시대에 상업용어로 사용되기 시작했다. 퍼센트의 '센트'에는 라틴어로 '백'이라는 의미가 있어서 'Cento'의 첫 번째 글자와 마지막 글자인 C와 O를 이용하여 C/O로 표기했다. 이것이 이후 % 기호로 변한 것이다.

138
계산기호가 +, −, ×, ÷로 정해진 이유는?

+, −, ×, ÷라는 계산기호는 어떻게 탄생했을까?

− : 선원이 나무통에 남은 물

의 양을 표시하기 위해 그은 가로줄이 근원. 배에 실은 물은 매일 줄어들기 때문에 뺄셈 기호로 사용하게 되었다.

+ : 통에 물을 채울 때 남은 물을 표시한 가로줄에 세로줄을 그려 넣어 가로줄의 의미를 지웠다. 그래서 덧셈 기호로 사용하게 되었다.

× : 1631년, 영국 수학자 윌리엄 오트레드가 교회 십자가를 보고 생각해냈다고 한다. 그때까지 2×2는 '2 multiplied by 2'라고 표기했는데 이를 성가시게 여긴 오트레드가 ×를 곱셈 기호로 사용하자고 제안했다.

÷ : 나눗셈을 분수의 모습으로 나타낸 것. 가로줄 위의 점은 분자, 아래의 점은 분모를 나타낸다.

139 X는 왜 미지수로 사용하게 되었을까?

수학 기호에는 가만히 생각해봐도 이해할 수 없는 것이 많다. 대표적인 것이 미지수를 나타내는 X. 왜 이 알파벳을 선택했을까?

X를 미지수로 처음 사용한 사람은 프랑스 철학자이며 수학자인 르네 데카르트다. 데카르트는 친하게 지내는 인쇄소에 X 활자가 많이 남아 있었기 때문에 이것을 사용했다고 한다. 사실 일반 문장에서는 알파벳 X의 사용빈도가 매우 낮다. 그러니까

데카르트 선생,
미지수하면 왠지 이 글자가
어울릴 듯 한데 어떻소?
X맨 시리즈도 있고 멋지잖수.
까짓거
그럽시다.
X
사실은 가장 쓰임새가
적은 활자라는 이유.

활자가 남아돌았다는 것이 이해된다. 어쩌면 인쇄업자는 데카르트 이상으로 머리가 좋은 사람이었을지도 모른다. X 활자의 재고를 한번에 없애버리기 위해 데카르트에게 X를 쓰라고 권한 건 아닐까?

140
메일 주소에서 @의 의미는?

메일 주소에는 반드시 @가 붙는다. 정식 이름은 '앳 마크(at mark)'로 영어에서 at은 '소속'을 말한다.

예를 들어 @kepco.co.kr이라고 하면 kepco는 조직 이름, co는 조직 종류로 영리기업, 마지막 kr은 국가 이름을 나타낸다. 어떤 나라의 어떤 조직을 이용하고 있는 유저인지를 알 수 있는 것이다. 조직 종류로 co는 영리기업, ac는 대학이나 연구기관, or은 비영리법인, go는 정부기관을 의미한다. 인터넷 발상지 미국은 국가 이름을 생략할 수 있다.

141
'디지털'은 원래 무슨 의미일까?

'디지털'은 데이터를 숫자로 변환한다는 의미다. 한데 원래 디지털은 '손가락'을 가리키는 말이었다. 이 말의 기원은 고

'손가락으로
코를 후비다'는
디지코스라고 합니다.
디지투스
(digitus)
농담이야.
What is
'Digital'?
디지트
(digit)

대 이집트까지 거슬러 올라간다.

고대 이집트에서는 손가락을 '디지트'라고 불렀다. 그것이 라틴어 digitus가 되어 '손가락을 꼽아 수를 헤아리는 것'이라는 의미를 가지게 되었다. 그리고 이제 '숫자로 변환한다'는 의미로 바뀐 것이다.

142

홈페이지 주소 맨 앞에 붙은 www는 무슨 의미일까?

인터넷 홈페이지 주소는 대부분 www로 시작한다. 이것은 World Wide Web의 머리글자를 딴 것으로 '전 세계에 퍼져 있는 홈페이지 정보망'이라는 의미다. Web에는 원래 '거미줄 모양 물체'라는 의미가 있어 여기서는 '네트워크'를 가리킨다. 따라서 World Wide Network라고 불러도 된다. 그러나 W 세 개로 단순화 하고자 Web이라는 단어를 사용하게 되었다.

143
알파벳은 왜 A부터 시작될까?

영어의 알파벳은 왜 A부터 시작할까? 이 의문을 풀려면 알파벳의 뿌리로 거슬러 올라가야 한다.

현재 알파벳은 고대 로마에서 사용하던 로마자를 바탕으로 만든 것이다. 로마자는 그리스문자에서 비롯되었는데 그리스문자의 첫 두 글자가 α(알파)와 β(베타)였다. 그래서 '알파벳'이라고 부르게 되었다.

더 거슬러 올라가보자. 그리스문자의 토대는 기원전 12세기부터 기원전 9세기까지 지중해에서 세력을 떨친 페니키아인의 문자다. 즉 영어 알파벳의 근원을 찾아가다 보면 3,000여 년 전 고대 페니키아어에 이르게 된다.

페니키아어의 첫 글자는 A를 뒤집어놓은 듯한 모양의 '알레프'라는 글자였다. 이것은 뿔 달린 소를 상징하는데, 당시에는 소를 얼마나 많이 가지고 있는가로 부유함과 권력이 얼마나 강한지

원래 이름은
'알레프'지!
상당히 거만한
녀석이군.
맛있겠당.

판별했다. 그 소를 상징하는 것이 첫 번째 글자가 된 것이다. 또 고대 페니키아어에서 B는 '베이트'라고 했다. 이는 방이 두 개 있는 집을 상징했다.

144 영화 특별 개봉을 '로드쇼'라고 부르는 이유는?

신작 영화를 일반 극장에서 상영하기 전에 특정 극장에서 독점으로 개봉하는 것을 흔히 '로드쇼(Road Show)'라고 한다. 단어 자체를 직역하면 '길거리 볼거리'인데, 왜 이것이 영화 특별 개봉을 의미하는 말로 사용될까?

그 뿌리는 연극계에 있다. 일찍이 미국 소도시를 돌며 연극 공연을 할 때 홍보를 위해 연극 일부를 길거리에서 상연해 보이며 사람들의 관심과 흥미를 불러일으키곤 했다. 이로 인해 새로운 연극을 공개하는 것을 '로드쇼'라고 부르게 되었고 이 말이 영화계로 넘어온 것이다.

145
'인상주의'라는 이름은 어떻게 생겨났을까?

모네, 세잔, 르누아르, 피사로 등 19세기 후반 유럽에서 활동한 화가들 중 '인상주의자'라고 불리는 이들이 있다. 왜 그 화가들은 '인상주의자'라고 불리게 되었을까? 이것은 당시 신문에 게재된 비평문을 계기로 탄생한 말이다.

1874년 4월, 모네와 세잔 등 화가 10여 명이 파리에서 전시회를 개최했다. 이때 모네가 〈인상, 일출〉이라는 작품을 출품했는데 이를 본 한 기자가 신문에 비평문을 썼다. 그 제목이 '인상주의 전시회'였고 이후 미술계에 '인상주의'라는 말이 널리 퍼져 나갔다. 한데 기자가 쓴 첫 전시 비평은 다음과 같이 새로운 작품을 비웃는 것이었다.

"…… 이것이 그 '인상'인가 하는 그림이라니. …… 정말 한심하다. 지금까지 이런 그림은 본 적이 없다. 무서운 일이다. 나는 뇌졸중에 걸릴 것만 같다……."

146 타로카드의 '타로'는 어떤 의미일까?

타로카드는 태양, 황제, 마술사 등 다양한 상징이 디자인된 아름다운 카드다. 모두 78장으로 구성되며 점술에 사용된다. 이 타로카드는 수수께끼가 많으며 기원조차 분명하지 않다. 인도나 중국에서 사용되던 그림과 숫자가 들어 있는 카드를 중세 십자군 원정 때 유럽인이 예루살렘 주변에서 가지고 왔다는 설이 현재 가장 유력하다. '타로(tarot)'라는 이름을 두고도 다양한 설이 있다. '왕의 길'을 뜻하는 고대 이집트어 타로시(Tarosh), 지혜와 학문의 신 토트(Thoth), 유대교 율법서 토라(torah), 라틴어에서 바퀴를 의미하는 로타(rota) 등에서 그 기원을 찾기도 한다.

147 '매킨토시'는 어떤 의미일까?

애플사를 대표하는 컴퓨터 매킨토시. 이 이름은 원래 사과 품종에서 따온 것이다. 애플사가 새로운 컴퓨터 시리즈를 개발할 때 개발 프로젝트 리더였던 제프 라스킨이 자기가 좋아하는 사과 이름을 붙인 것이 매킨토시다. 매킨토시는 캐나다 온타리오 주에 있는 앨런 매킨토시 농장에서 소량으로 생산되는 희소가치가 무척 높은 사과다.

울나라에서 개발됐더라면 '국광'이나 '홍옥'이 되었을 텐데.
그러게.

148

리트머스 시험지에서 '리트머스'는 무엇일까?

리트머스 시험지는 산성인지 알칼리성인지를 판별하는 가늘고 긴 시험지다. 푸른색과 붉은색 두 종류가 있는데 푸른색 종이를 산성 용액에 담그면 붉은색으로 변하고 붉은색 종이를 알칼리성 용액에 담그면 푸른색으로 변한다.

리트머스 시험지의 역사는 상당히 오래 되었으며 14세기에 이미 유럽 연금술사나 의사들 사이에서 사용되었다고 전해진다. 당시에는 리트머스이끼라는 이끼 종류에서 채취한 색소를 바탕으로 만들어졌다.

리트머스이끼는 지중해 연안 남서부를 비롯한 남반구에 널리 분포한다. 이것을 분말로 만들어 약품으로 가공해서 리트머스의 보라색 색소를 만든 것이다. 리트머스라는 말은 리트머스이끼에서 유래했으며 리트머스는 원래 '물들이기 위한 이끼'라는 의미다.

149
대학 구내를 왜 '캠퍼스'라고 부를까?

'캠퍼스'는 원래 라틴어로 '들판'이라는 뜻이다. 일찍이 미국 대학에서 라틴어가 필수과목이던 시절에 학생들이 학교 안 잔디밭 등을 캠퍼스라고 부르기 시작했다. 그것이 교정을 가리키는 말이 되었고 나아가 구내를 가리키는 말로 변했다.

150
'린치'라는 말의 어원은?

'린치(lynch)를 가하다' 또는 '린치를 당하다' 등의 표현이 있다. '린치'는 정당한 법적 절차를 거치지 않고 잔인하게 폭력을 가하는 일을 뜻한다. 그렇다면 '린치'라는 말은 맨 처음 어디에서 왔을까? 18세기 후반, 미국 독립전쟁 당시 혼란 속에서 미국 내부의 치안은 엉망이었고 법정의 기능조차 정지되는 경우가 많았다. 그런 상황에서 버지니아 주 베드퍼드에서는 치안 판사가 비공식 법정을 주최해 법 집행과 질서 유지를 맡았다. 그의 이름은 찰스 린치.

한데 린치의 개인 법정은 결코 불공평하거나 공격적이지 않았다. 단 한 사건에만 사형을 선고했는데 그것은 주 전체를 뒤흔들 만한 반역 음모였다. 그 이외에는 오히려 형을 경감시켜 주는 일이 많았고 가장 무거운 형량이라고 해도 채찍형이나 벌금형 정도였다. 비공식적 법정이었어도 양심적인 판결이 많았던 것이다.

그러나 시간이 흐름에 따라 온정이 깃든 린치의 판결은 잊혀졌다. 그리고 비공식 법정을 개최했다는 사실만 사람들 기억에 남으면서 린치의 이름은 '사적인 형벌'을 의미하게 되었다.

151
666은 왜 불길한 숫자일까?

오래전 미국 공포영화 〈오멘(The Omen)〉(2006)에서 악마의 아들 데미안은 6월 6일 오전 6시에 태어났다. 그래서 666이 불길한 숫자로 그려졌다. 실제로 유럽이나 미국에서는 예로부터 666을 불길하게 여겼다. 신약성서 요한복음에 666이 짐승의 숫자로 기록되어 있기 때문이다. 그래서 서구에서는 지금도 여전히 666을 기피해야 할 숫자로 여긴다.

152

인기 있는 사람을 왜 '스타'라고 부를까?

연예계나 스포츠계에서 활약하는 사람을 흔히 '스타(star, 별)'라고 부른다. 왜 태양이나 달이 아닌 별일까? 하늘에 떠 있는 것이라면 태양이나 달이 훨씬 더 크지 않은가? 이때 '스타'라는 말은 밤하늘의 별과는 직접적인 관계가 없다.

예전에 유럽이나 미국 예능계에서는 인기가 가장 좋은 배우, 특히 여배우가 무대에서 가장 가까운 대기실을 사용했다. 그리고 그 사실을 알기 쉽도록 입구에 '별 표시'를 해두었는데 여기에서부터 '스타'라는 말이 나왔다고 한다.

호호호 내 대기실은 여기겠네요~
거긴 남자화장실 인데요.
쫌 잘 나가는 여배우 A양

153
'호치키스'라는 상품 이름의 유래는?

호치키스가 그것을 발명한 사람의 이름이라는 사실을 아는가? 호치키스는 미국의 벤저민 호치키스라는 인물이 발명했다. 그는 원래 문방구와는 인연이 먼, 무기 발명가였다. 그가 발명한 기관총과 호치키스는 언뜻 관련이 없는 것처럼 보인다. 하지만 그의 입장에서 기관총과 호치키스는 매우 유사한 기계였다. 총의 탄환을 보내는 장치와 호치키스의 알을 보내는 장치가 같은 원리이기 때문이다. 호치키스는 기관총의 부산물 같은 발명품이다.

154
최초로 '보이콧'을 당한 사람의 이름은?

1832년 아일랜드에서 태어난 보이콧 씨는 '항의 행동'이라는 의미의 말에 자기 이름을 남겼다. 그는 보이콧을 한 것이 아니라 보이콧을 당했다. 그는 아일랜드 군주 밑에서 넓은 토지를 관리하고 있었는데 땅값을 사정없이 착취하며 주민들 원성에 귀를 기울이지 않았다. 이에 분노한 주민들이 1880년에 궐기를 했다. 주민들은 일을 거부하고 보이콧 씨 집에 불을 지르는 등 여러 가지 항의 행동에 나섰다. 보이콧 씨와 주민들의

당신은 보이콧이오!
그래, 내가 바로 보이콧이라니깐!!!
악덕고용주는 물러가라
Mr.보이콧

싸움은 아일랜드 전역에서 화제였고 영국에서도 큰 뉴스거리였다. 그때부터 이런 항의 행동을 '보이콧'이라고 부르게 되었다.

155 '니코틴'의 어원은?

담배 성분이기도 한 니코틴은 사람의 이름에서 유래되었다. 16세기 말 스페인 주재 프랑스 대사로 장 니코라는 인물이 있었다. 이 니코 대사가 프랑스에 담배를 보급했기 때문에 담배 성분에 '니코틴'이라는 이름이 붙여졌다. 니코 대사가 담배를 모든 프랑스인에게 기호품으로 권한 것은 아니다. 그는 프랑스 왕족에게 담배를 두통약으로 소개했다. 당시에는 로마 교황조차 담배를 의약품이라고 믿었다.

156
더플코트의 '더플'은 무슨 의미일까?

더플코트(duffel coat)는 모자가 달려 있고 길이는 짧으며 단추 대신 끈으로 양쪽을 연결하는 코트를 가리킨다. 영국 해군이 제2차 세계대전 때 입은 방한용 코트로 유명해졌다. 이 코트를 '더플코트'라고 부르는 이유는 '더플 클로스'라는 거친 모직물을 사용했기 때문이다. 더플은 벨기에 안트베르펜 근교 마을로 이곳에서 생산되는 모직물을 더플 클로스라고 불렀다. 더플코트는 방한성이 높아서 주로 북유럽 어부들이 입었다. 끈을 이용해 채우는 단추가 낚시찌처럼 생긴 이유도 그 때문이다. 이 독특한 단추는 배의 밧줄을 걸어 매는 '토글(toggle)'이라는 나무를 가공해 만들었다.

157
'블레이저'는 원래 무슨 의미일까?

블레이저(blazer)는 상의의 일종으로, 그 어원에는 두 가지 설이 있다.

하나는 '불꽃'을 의미하는 '블레이즈(blaze)'에서 유래되었다는 설이다. 19세기 중반 옥스퍼드대학과 케임브리지대학의 보트 경주가 열렸다. 이때 케임브리지대학을 응원하는 여성이 모두 새빨간 상의를 입고 있었다. 그 모습이 무척 아름다워서 마치 불꽃이 타오르는 것 같다는 절찬을 받은 이후 '블레이저'라는 명칭이 널리 퍼졌다는 것이다.

또 다른 설은 대영제국 해군과 관련 있다. 늘 초라한 복장을 입던 '블레이저호' 승무원들이 함께 입을 수 있는 유니폼을 만들었는데 그 상의가 배의 트레이드마크가 되었다. 이후 그러한 상의를 '블레이저'라고 부르게 되었다는 것이다.

158
개 품종 '도베르만' 이름의 유래는?

1890년 무렵 독일에서 탄생한 도베르만은 루이스 도베르만이라는 인물이 만들어낸 새로운 개 품종이다.

세금징수원이던 루이스는 세금을 징수하러 다닐 때 함께 다니며 자기를 보호해줄 수 있는 호신용 개를 원했다. 좀 더 강하고 영리한 개를 만들기 위한 교배에 몰두하고자 세금징수원 일까지 그만둔 루이스는 10년 만에 마침내 그가 바라던 이상적인 새로운 종자를 얻었다. 그렇게 태어난 용맹한 검은 개는 이후 그의 이름 '도베르만'으로 불리게 되었다.

159

'판다'는 대체 무슨 의미일까?

판다는 고향 중국에서는 '대웅묘'(大熊猫: 거대한 곰 같은 고양이)라고 불린다. 판다의 친구 레서판다는 '더 작다'는 의미로 '레서(lesser)'라는 이름이 붙었으며 중국에서는 '소웅묘'(小熊猫: 작은 곰 같은 고양이)라고 불린다.

판다 가운데 레서판다가 먼저 발견되었고 '판다'라는 이름도 레서판다에게 먼저 붙여졌다. 레서판다는 네팔, 인도의 시킴, 중국 고지대에 서식하면서 대나무를 즐겨 먹는다. 그래서 '대나무를 즐겨 먹는 동물'이라는 뜻의 네팔어로 '판다'라고 부르게 되었다. 즉 판다의 원조는 레서판다이며 이 사실을 이해하면 중국어 이름에 '고양이(猫)'라는 글자가 들어가는 이유도 이해할 수 있다. 작은 레서판다는 고양이처럼 보이기도 하니까.

160 판탈롱을 최초로 입은 사람은?

16~17세기 이탈리아에서는 가면 희극 코메디아 델라르테가 크게 유행했는데, 등장인물 가운데 탐욕스럽고 호색적인 베네치아 상인이 있었다. 많은 인기를 누린 이 배역은 주로 구부러진 긴 코와 뾰족한 턱수염이 달린 가면을 쓰고 슬리퍼를 신고 통이 넓은 바지를 입은 야윈 남자로 묘사되곤 했다. '판탈로네(Pantalone)'라고 불린 그 배역의 이름을 따서 그가 입은 것과 같은 통 넓은 바지를 '판탈롱(pantalon)'이라고 부르게 되었다. 판탈로네라는 이름은 베네치아 수호신 판탈레오니에서 딴 것이다.

161 '데님'은 어디에서 온 말일까?

옷 이름은 생산지 지명에서 유래한 것이 많다. 예를 들어 럭비 선수가 입는 셔츠를 '저지(jersey)'라고 하는데 이것은 채널 제도 저지섬에서 따온 것이다. 이 섬의 어민들이 입던 신축성 좋은 속옷 직물을 개량한 것이 저지다. 마찬가지로 어부들의 옷에서 힌트를 얻은 것이 '트위드(tweed)'다. 스코틀랜드에 흐르는 트위드강 주변 어민들이 입는 작업복에서 탄생했다.
'데님'은 패션의 나라 프랑스에서 생겨났다. '님(Nîmes)'이라는 마을에서 '세르주(serge)'라는 두꺼운 능직물을 만들었다. 이를 처음에는 '님에서 만든 세르주'라는 의미로 '세르주 드 님(Serge de Nîmes)'이라고 불렀고 이후 '드 님'이라고 줄여 부르다가 마침내 '데님'이 된 것이다.

162
'턱시도'는 어디에서 온 이름일까?

남성 예복 턱시도. 그 이름은 미국 뉴욕 주의 턱시도 호수(Tuxedo Lake)에서 유래했다. 호수 이름이 신사 예복의 이름이 된 이유는 이 호반에 '턱시도 파크'라는 신사들 사교클럽이 있었기 때문이다. 이 클럽에서 양복과 연미복의 중간에 해당하는 턱시도가 탄생했다. 영국에서 독립한 미국은 유럽에 대항 의식을 가지고 있었다. 그래서 신대륙의 새로운 야회복 턱시도는 즉시 인기를 끌며 미국 전역으로 퍼져 나갔다.

163
'블루머'라는 이름의 유래는?

19세기 중반 미국에서는 허리를 강하게 죄는 스커트가 유행했다. 그런 패션에 이의를 제기한 사람이 블루머(Bloomers) 부인이었다. 그녀는 여성이 사회에 진출해야 할 필요가 있다고 판단했으며 허리를 졸라매어 활동하기에 불편한 당시 스커트는 매우 해로운 것이라고 주장했다. 그는 바지와 치마를 혼합한 새로운 패션으로 짧은 스커트에 발목 근처에서 졸라매는 바지를 고안했다. 이것이 원조 블루머다. 그 후 여성도 크리켓 같은 스포츠에 참가하게 되면서 활발하게 움직일 수 있는 블루머 스타일이 점점 받아들여졌다. 이후 단이 점점 짧아져서 지금의 스타일로 정착했다.

164 '고릴라'는 원래 어떤 의미일까?

전하는 기록에 따르면 역사상 최초로 고릴라를 본 사람은 카르타고의 제독이다. 기원전 500년 무렵 카르타고 제독은 커다란 몸 전체가 털로 덮여 있으면서 사람과 비슷하게 생긴

동물을 보고 꽤나 놀랐을 것이다. 그는 이 동물에게 그리스어로 '털이 많은 여자'를 의미하는 '고릴라'라는 이름을 붙였다. 그가 처음으로 본 고릴라는 암컷이었던 듯하다.

165
프랑스어에서는 왜 H를 발음하지 않을까?

프랑스어에서 H는 묵음이다. 예를 들어 호텔은 프랑스어로 Hôtel이라고 쓰지만 발음은 '오텔'이다. 프랑스어의 원형 라틴어에서는 H를 발음하지만 기원전 1세기 무렵부터 당시 변방이던 오늘날의 프랑스 지역에서는 점차 H를 발음하지 않게 되었다고 한다. 그렇다면 발음하지 않는 스펠링이 왜 남아 있을까? 이것은 15세기 르네상스 문화의 영향 때문이다. 르네상스에는 고대 그리스와 로마 문화를 재평가하는 움직임이 활발했으며 이때 프랑스어 스펠링에 H가 부활한 것이다. 문자는 살아났어도 발음은 계속 하지 않았다. 그 때문에 세계적으로 보기 드물게 발음을 하지 않는 문자 H가 탄생했다.

166
'버마'가 '미얀마'가 된 이유는?

일찍이 미얀마는 '버마'라고 불렸다. 그러다 미얀마로 바뀐 것은 1989년의 일이다. 미얀마와 버마는 모두 '버마 민족'을 뜻한다. 그래서 글로 쓸 때는 '미얀마'라 하고 말할 때는 '버마'라고 했다. 그런데 '버마'는 미얀마에서 다수를 차지하는 버마족과 발음이 비슷하다. 국가 이름을 특정 민족의 이름으로 하면 마치 그 나라에는 버마족밖에 살지 않는다는 인상을 줄 수 있다. 그래서 버마족과 겹치지 않도록 '미얀마'를 정식 국호로 채용한 것이다.
그러나 미얀마의 국호는 복잡한 정치 상황과 맞물려 있어 각 입장에 따라 미얀마와 버마가 혼용되고 있는 추세다.

167
'적과 흑'은 무엇을 상징할까?

프랑스 소설가 스탕달의 『적과 흑(Le Rouge et le Noir)』(1830)은 프랑스혁명을 거쳐 나폴레옹 시대 이후 부활한 부르봉 왕조 시대를 무대로 삼은 정치소설이다. 그 시대 사람들은 시곗바늘을 되돌려놓은 듯한 강압적인 정치에 눌려 완전히 고립되어 있었다. 스탕달은 열정적이고 아름다운 주인공 쥘리앙 소렐을 등장시켜 그의 사랑과 야심과 좌절을 그렸다. 제목의 '적'은 나폴레옹 시대 군복을, '흑'은 사제복을 상징한다. 더는 혁명이 가능하지 않다고 판단한 쥘리앙은 교회에서 출세하기를 꿈꾸지만 그마저도 파국으로 치달으며 끝을 맺는다. 그래서 '적'은 주인공의 야심, '흑'은 절망을 상징하는 것이라는 해석도 있다.

168
'에베레스트'는 어디에서 따온 이름일까?

세계에서 가장 높은 산 에베레스트의 이름은 한 인물의 이름에서 유래했다. 인도 측량국 초대 장관인 영국인 조지 에베레스트 경이 1941년에 처음으로 이 산의 위치와 표고를 정확하게 기록했다. 그래서 그의 이름을 따서 산의 이름으로 정했다.

최근에는 식민지 시대에 붙여진 에베레스트 대신 티베트어 이름인 '초모랑마'로 부르는 경우가 많다. 초모랑마(Chomolungma)에서 초모(Chomo)는 여신, 랑마(Lungma)는 세계라는 뜻이다. 세계에서 가장 높고 험준한 산을 그 지역 사람들은 '세계의 여신'이라고 생각했던 것이다.

169
'오스트레일리아'와 '오스트리아'는 왜 이름이 비슷할까?

오스트레일리아와 오스트리아의 이름이 비슷한 이유 중 하나는 오스트레일리아의 어원이 라틴어로 '남쪽'을 의미하는 australis이기 때문이다. 유럽인이 이 대륙을 발견한 것은 17세기 무렵이지만 그 이름의 유래는 고대 그리스로 거슬러 올라간다.

고대 그리스인은 적도 남쪽에 대륙이 있다는 것을 예상하고 '테

……
머라이언
역시
사자의 마을!
(Singapore)

라 아우스트랄리스 인코그니타(알려지지 않은 남쪽의 대지)'라고 불렀다. 여기서 오스트레일리아라는 이름이 탄생했다. 한편, 오스트리아는 게르만어로 '동쪽'을 의미하는 ost와 '변경지대'를 의미하는 mark가 영어로 변하여 Austria가 되었다. 오스트레일리아와 오스트리아에는 양쪽 모두 '방위'와 관련이 있는 말에서 유래되었다는 공통점이 있다.

170 '싱가포르'는 어떤 의미일까?

고대 산스크리트어로 '싱가(Singha)'는 '사자', '포르(Pura)'는 '마을'을 뜻한다. 즉, 싱가포르는 '사자의 마을'이라는 의미다. 하지만 예나 지금이나 싱가포르 주변에 사자가 서식했다는 기록은 없다. 그렇다면 왜 '사자의 마을'이라는 이름이 붙었을까?

우선, 수마트라 섬에 존재하던 고대 왕국의 한 왕자가 이 섬에서 '사자'를 만난 이후 이곳을 '사자의 마을'이라고 불렀다는 설이 전한다. 다만 왕자가 만난 사자는 검은 머리에 붉은 몸, 가슴은 하얀색이었다고 하니 우리가 아는 사자와는 거리가 멀다. 또 11세기 초에 이 섬을 습격한 동인도 국왕이 명명한 이름이라는 설도 있다. 어떤 것이 진실인지는 확실하지 않으나 '싱가포르'가 산스크리트어라는 점에서 두 번째 설을 유력한 것으로 본다.

5장
오묘하고 신비로운
인체통조림

171 갓난아기는 왜 자장가를 불러주면 잠이 들까?

자장가에는 세 가지 기본 조건이 있다. 1. 반복이 많을 것. 2. 부드러운 음을 사용할 것. 3. 느릿하고 조용한 멜로디일 것.

전철을 타면 자기도 모르게 눈이 스르르 감기며 졸 때가 있는데 이것은 전철이 흔들리는 소리의 '반복 작용'이 심리상태를 안정시켜 졸음을 유도하기 때문이다. 갓난아기도 마찬가지다. 느릿하고 부드러운 반복적인 소리를 들으면 마음이 안정된다. 동양이든 서양이든 모든 자장가 멜로디가 조용하고 느릿한 이유는 여기에 있다.

또 갓난아기는 낯선 목소리보다 귀에 익은 목소리에서 안정감을 느낀다. 노래를 잘 부르는 것과 상관없이 엄마가 불러주는 자장가가 갓난아기에게는 가장 편안하다.

172 아기는 왜 밤에 나오는 경우가 많을까?

출산을 할 때 한밤중에 진통이 시작되어 다음 날 아침부터 낮 사이에 아이를 낳는 경우가 많다. 이것은 전 세계 인류뿐 아니라 모든 포유류에서 공통적으로 나타나는 현상이다.

경주마 서러브레드도, 원숭이도, 동물원의 호랑이와 판다 등도 모두 한밤중에 진통을 느끼고 새벽에서 아침 사이 새끼가 모습을 드러내곤 한다.

이처럼 밤에 진통이 시작되는 것은 자기방어본능으로 설명할 수 있다. 밤에는 적에게 습격당할 위험이 상대적으로 줄어들기 때문이다. 원숭이에서 진화한 사람 또한 그런 본능이 작용한다.

단, 사람은 다른 동물에 비해 출산하기까지 오랜 시간이 걸린다. 두 발로 걸어 다니게 되면서 골반으로 상반신을 지탱하는 탓에 다른 동물과 달리 골반 입구가 좁아져 있는 데다 태아의 머리가 커서 질을 통해 나오기가 힘들기 때문이다.

173

일란성쌍둥이는 지문까지 똑같을까?

일란성쌍둥이는 수정란 하나가 둘로 분열되어 태어나는 것이기 때문에 DNA 구조까지 똑같다. 그러나 지문은 비슷할 뿐 똑같지는 않다.

왜냐하면 지문은 환경의 영향을 받기 때문이다. 한 예로, 자라는 환경에서 땀을 어떻게 흘리는지에 따라 땀샘 구조에 차이가 생겨나 지문 모양에 영향을 준다. 이 외에도 여러 환경 요인이 작용해 완전히 똑같은 지문은 있을 수 없다.

덧붙여 여기에서 말하는 '완전히 똑같은 지문'이라는 것은 지문으로 본인을 식별할 수 있는가를 기준으로 판단한다. 최근 많이 활용되는 지문인증시스템으로 일란성쌍둥이 지문을 조사한 결과 기계는 서로 다른 사람으로 식별했다. 아무리 얼굴 생김새가 똑같다고 해도 지문이 다르기 때문에 같은 사람인 척 가장할 수는 없다.

174
갓난아기는 왜 태어나자마자 울음을 터뜨릴까?

갓난아기가 이 세상에 처음 태어났을 때 터뜨리는 울음소리에는 어떤 의미가 있을까? 다음과 같은 설이 유력하다.

태내에 있을 때 태아는 엄마의 심장 고동소리를 듣고 안정을 느낀다. 하지만 태어난 순간 그 소리는 더 이상 들리지 않는다. 40주일 동안이나 귀에 익은 소리가 들리지 않으니까 갓난아기는 무척 불안해진다. 그래서 울음을 터뜨린다는 것이다. 이는 다음 실험으로 입증되고 있다.

아기가 태어나기 전 엄마 배에 마이크를 삽입하고 자궁에 울려 퍼지는 엄마의 심장 소리를 녹음해뒀다. 그리고 갓 태어난 아기에게 녹음해둔 소리를 들려주자 아기는 즉시 미소를 지으며 잠에 빠져들었다.

175
남자 아이 목소리가 쉬기 쉬운 이유는?

감기에 걸린 것도 아닌데 아이의 목소리가 쉬는 경우가 있다. 그 원인은 대부분 성대결절이다.

결절을 쉽게 표현하면 군살 같은 '사마귀'다. 사마귀가 성대의 진동을 방해해 쉰 목소리가 나오는 것이다. 아이는 큰소리를 많이 내기 때문에 성대결절이 생기기 쉽다. 특히 여자 아이에 비해 남자 아이가 큰소리를 잘 내서 목이 많이 쉰다.

176
머리를 아래로 둔 태아는 왜 머리로 피가 몰리지 않을까?

태아는 엄마 배 속에서 머리를 아래로 두고 자란다. 물구나무를 서보면 알듯이 머리가 아래로 가면 피가 머리로 몰린다. 그런데 머리를 아래로 둔 태아는 왜 아무렇지도 않을까?

양수 안에 떠 있기 때문이다. 거꾸로 섰을 때 머리로 피가 몰리는 이유는 중력 때문이다. 머리를 아래로 두면 중력의 영향으로 심장에서 나온 피가 온몸을 돌기 어렵다.

한편 양수 안에서는 부력 때문에 중력의 영향을 거의 받지 않는다. 그래서 어떤 자세로 있더라도 혈액이 온몸으로 부드럽게 공

여긴 자궁속이
아니라서 쏠리거든요.
이제 그만 좀
내려놓으시죠.

급되어 어느 한 쪽으로 피가 몰리지 않는다.

177

노인은 왜 떡을 먹다가 목에 걸릴 확률이 높을까?

나이를 먹으면 온몸의 근육이 쇠약해진다. 팔과 다리는 물론이고 내장 근육까지 쇠약해진다.

노인이 떡을 먹다 목에 걸리는 확률이 높은 이유도 이 때문이다. 음식을 씹으려면 목 좌우에 있는 근육 여덟 쌍이 확실하게 작용해야 한다. 음식을 먹은 뒤 식도에서 위장으로 보내려면 식도 근육이 확실하게 작용해야 한다.

하지만 나이를 먹으면 목과 식도 근육이 쇠약해져서 음식물을 삼켜서 위장으로 보내는 활동이 둔화되기 때문에 목이나 식도에서 떡이 걸리는 확률이 높아진다.
언뜻 건강해 보이는 노인이라고 해도 목이나 식도 근육은 확실히 약해져 있다. 따라서 떡을 먹을 때에는 스스로 조심해야 한다.

178

나이를 먹으면 왜 눈물이 많아질까?

눈물 분비량이 절정을 이루는 시기는 10세쯤으로 그 후에는 나이를 먹을수록 양이 줄어든다.
눈물은 남녀 모두 하루 평균 0.6리터가 나온다. 나이가 들수록 눈물 양이 줄어드는 것도 남녀가 같다. 단, 이것은 생리적인 눈물 분비량이며 감정에 따라 흘러나오는 눈물은 포함되어 있지 않다.
노인의 눈물이 많아지는 이유는 그만큼 감정에 휘말리기 쉽기 때문이다. 나이가 드는 동안 다양한 경험을 한 노인들은 자기 경험에 비추어 다른 사람에게 공감하는 능력이 높아진다. 그래서 자기도 모르게 눈물샘이 열려 눈물을 흘린다.
정말로 감수성이 풍부한 것은 사춘기 소년소녀가 아니라 사실은 노인들이다.

179
나이를 먹으면 아침에 일찍 일어나는 이유는?

사람은 수면 중에 '렘수면(얕은 잠)'과 '논렘수면(깊은 잠)'을 되풀이한다. 건강한 사람은 하룻밤에 네다섯 번 되풀이하며 얕게 잠드는 렘수면이 전체 수면 시간의 20퍼센트를 차지한다.

나이를 먹으면 수면 패턴이 흐트러져 렘수면이 증가하고 논렘수면이 줄어든다. 그 때문에 작은 소리에도 잠에서 깨고 날이 조금만 환해져도 민감하게 반응해 일찍 일어나게 된다.

180
의사는 환자의 혀를 보며 무엇을 판단할까?

컨디션이 안 좋아 병원에 가면 의사가 혀부터 살펴볼 때가 있다. 혀 상태로 진단하는 '설진(舌診)'은 한의학에서 유래했다.

건강한 사람의 혀는 맑고 붉으며 적당히 젖어 있고 부드럽게 움직이지만 그렇지 않은 경우에는 몸 어딘가에 이상이 있다는 것이 한의학의 사고방식이다. 예를 들어 몸에 열이 있으면 혀는 수분이 줄어들어 거칠어진다. 증상이 진행되면 더욱 거칠어지면서 하얗게 변한다. 위장이 나빠지면 수분의 대사 작용도 나빠

?
진단소견:
혀가 참 길다.

져 하얀 설태가 혀를 뒤덮듯 두껍게 낀다.

이런 설진을 서양의학에서도 도입해 진단에 참고하고 있다.

181
마취 가스를 왜 '웃음 가스'라고 부를까?

수술할 때 꼭 필요한 마취 가스는 '웃음 가스'라고도 한다. 왜 그렇게 부르게 되었을까?

마취 가스는 원래 서커스단에서 사용되었다. 19세기 중반 미국 서커스단에서 가스를 마신 젊은이가 어떤 고통을 가해도 웃으면서 춤추는 공연을 선보였다. 그것을 본 한 치과의사가 이 가스를 치과 치료에 적용한 이후 마취 가스로 이용되기 시작했다. 마취 가스는 미국 전체로 퍼져 나갔고 이윽고 전 세계의 다양한 치료에 활용되었다.

한편, 웃음 가스의 정체는 일산화이질소. 흔히 '아산화질소'라고도 하는데 부작용이 거의 없으며 빨리 깨어나는 것이 특징이다. 다만 통증을 완전히 억제하는 것은 아니어서 큰 수술에서는 다른 마취약과 함께 사용한다.

182

술을 마신 뒤에는 정말 마취가 잘 안 될까?

술을 마신 뒤에는 수술용 마취가 잘 듣지 않는다는 말이 있다. 늘 술에 취해 있으면 몸이 마비되어 마취가 잘 안 되는 체질로 바뀐다는 것인데, 터무니없는 말이다. 아무리 술을 좋아하는 사람이라도 마취가 안 되는 경우는 없다. 물론 정맥마취약인 경우 음주로 가벼운 내성이 생겼을 때는 마취를 시작할 때 약의 양을 늘려야 한다. 그러나 요즘은 대부분 흡입마취약으로 그 효과는 음주와 전혀 관계가 없다. 예전과 달리 최근 마취는 효과가 매우 강력하고 기술도 진보되었기 때문이다.

다만 과도한 음주로 인해 간이 약해진 상태라면 마취 효과는 있어도 수술에 상당히 나쁜 영향을 줄 수 있다. 간이 약하면 수술할 때 피를 많이 흘리거나 수술 후 회복이 늦어지는 경우가 많기 때문이다.

183

수면제를 과다 복용하면 죽음에 이를까?

예전에는 다량의 수면제를 섭취하고 스스로 삶을 마감하는 사람들 이야기가 들려오곤 했으나 지금은 현실적으로 불가능하다. 수면제 성분이 달라졌기 때문이다. 과거 수면제는 '바르비트루 계통'으로 뇌 전체에 작용했다. 그래서 대량으로 복용하면 호흡중추에 영향을 끼쳐 죽음에 이르기도 했다.

요즘 수면제는 벤조디아제핀 계통으로 뇌 전체가 아니라 인간의 감정을 조절하는 정동중추(情動中樞)에만 작용한다. 따라서 흥분을 가라앉히고 불안을 완화시키는 효과는 있지만 생명 관련 부분에는 작용하지 않는다.

184

자기 혈액을 다시 수혈하면 건강해진다는 말이 사실일까?

수혈할 때 걱정되는 것이 거부반응이다. 혈액형이 같아도 다른 사람의 혈액을 세균 같은 이물질로 인식해 체내 면역세포가 공격함으로써 발열, 두드러기 등 알레르기 증상이 나타날 수 있다. 이런 부작용을 줄이려면 자기 혈액을 수혈하는 것이 가장 좋다.

그래서 수술 1~2주일 전에 자기 피를 채혈해 보관했다가 수술할 때 이용하기도 한다. 그러나 '자기 피를 다시 수혈하면 건강해진다'는 속설과 관련해서, 이것이 진실임을 뒷받침할 의학적 증거는 없다.

한편 예전에 사회주의국가에서 육상선수들이 자기 피를 수혈해 능력을 향상시키는 '혈액 도핑'을 한 적이 있었다. 수혈하면서 피 속 헤모글로빈 농도를 높여 경기를 유리하게 이끌어간다는 것이다.

하지만 연구를 통해 헤모글로빈은 일정 농도 이상으로 올라가도 효과가 변하지 않는다는 사실이 밝혀졌다. 자기 혈액을 다시 수혈하면 건강해진다는 것은 터무니없는 말이다.

185

천재의 뇌를 이식하면 천재가 될 수 있을까?

최근 뇌사자의 장기이식이 활발하게 이루어지고 있다. 그러면 뇌 이식도 가능하지 않을까 생각하는 사람도 있을 수 있다. 천재의 뇌를 이식하면 뇌를 받은 사람은 천재가 되지 않을까?

사실 뇌 이식은 다른 장기보다 훨씬 간단한 측면도 있다. 장기이식의 가장 큰 문제점은 거부반응인데 뇌에는 원래 혈액 속 병원균이나 약물을 차단하는 '뇌혈관장벽'이라는 작용이 있다. 그래

멍청하게 생긴 자네는 누구신가?
$E=mc^2$이고 피타고라스의 정리를 인수분해해서 세제곱을 하면 페르마가 어쩌구….
← 가짜수염
아인슈타인의 뇌를 이식받은 똥땡이
으아앙~ 내 친구 똥땡이를 돌려줘~
똥땡이한테서 바보 취급 당하기 싫은데… 흑흑…

서 면역세포가 뇌에 도달하지 못하고 거부반응도 덜 일어난다. 물론 현 단계 의료 기술로는 뇌를 그대로 이식하는 것은 불가능하다. 그러나 만약 기술 장벽을 뛰어넘어 이식이 가능해진다면 천재의 뇌를 이식받은 사람은 어떻게 될까?

그럴 경우 이식받은 사람이 천재가 되는 것이 아니라 천재가 이식받은 사람의 몸을 가지게 된다고 표현해야 옳다. 의식을 가지는 것은 뇌이기 때문에 이식받은 사람의 의식은 사라지고 천재의 의식이 몸을 지배하게 되는 것이다.

186 맹장염과 충수염은 어떻게 다를까?

소장이 대장과 연결되는 부분에 맹장이 있고 맹장에 매달려 있는 지렁이 같은 부분이 충수다. 흔히 말하는 맹장수술은 충수를 절제하는 것이며, 일반적으로 맹장염이라고 불리는 증상은 의학적으로는 충수염이다.

충수는 장과 연결되어 있기 때문에 여러 가지 물체나 음식물이 들어와 염증을 일으키기 쉽다. 실제로 수술을 집도해보면 포도나 수박씨, 생선 뼈, 못이나 달걀껍질 등 터무니없는 것 때문에 고름이 나오거나 염증을 일으키는 경우가 많다.

187 개복수술을 할 때 배 속으로 들어간 공기는 어떻게 나올까?

개복수술을 하면 아무래도 배 속에 공기가 들어갈 수 있다. 물론 의사는 봉합하면서 공기가 남지 않도록 노력한다. 그래도 엑스선 촬영을 하면 분명히 확인할 수 있을 정도로 공기가 남아 있다.

하지만 수술 후 일주일만 지나면 공기는 완전히 빠져버린다. 배 속 공기는 대체 어디로 사라지는 것일까?

복막에서 흡수되어 림프관이나 혈관을 따라 몸속 각 부분으로 흡수된다고 여겨진다. 수술할 때 피투성이가 된 내장은 물로 씻어내는데 그 물이 복막에서 흡수되어 혈관이나 림프관으로 흘러 들어간다는 사실이 확인되었다. 그래서 공기도 마찬가지 경로를 밟는다고 추측하는 것이다.

188
단순골절과 복잡골절은 어떻게 다를까?

단순골절은 단순히 뼈가 부러지는 것으로 주위 근육이나 피부에는 손상이 없다. 복잡골절은 뼈가 부러졌을 뿐 아니라 주위 근육과 피부까지 크게 손상된 증상을 가리킨다.

당연히 복잡골절이 더 심각한 경우로, 단순골절은 자연치유가 되기도 하지만 복잡골절은 참을 수 없는 통증이 수반되어 그냥 내버려둘 수 없다. 즉시 전문의의 치료를 받지 않으면 세균에 감염되는 등 상황이 악화될 수 있다.

189
소변을 참으면 방광염에 걸린다?

자리를 계속 지켜야 하는 창구 담당자나 편의점 점원 등 소변을 자주 참는 사람들이 방광염에 걸리기 쉽다. 개인차는 있지만 방광의 용량은 300~400밀리리터. 소변이 150~200밀리리터 정도 고이면 배설 욕구를 느낀다.

하지만 요의를 느꼈을 때 즉시 화장실에 가지 않으면 방광에 소변이 그대로 고여 있게 되고 용량 한계에 도달하면 방광의 점막이 늘어난다.

방광 점막의 점액층은 대장균 등이 달라붙는 것을 막아주는 역할을 한다. 그런데 점막이 늘어나면 점액층에 상처가 생겨 저항력이 약해진다. 그 상처에 부착된 균이 증식해 방광염으로 발전하는 것이다.

190

자기(磁氣)를 이용한 치료기기가 뭉친 어깨에 효과적인 이유는?

어깨 결림은 어깨 근육이 굳어 혈액 순환이 제대로 되지 않을 때 발생한다. 그런데 자력(磁力)으로 혈액 순환이 좋아지면 굳은 어깨가 풀린다.

인체에 자력이 작용하면 몸 안 센서가 그것을 감지해 간에서 생성되는 단백질 효소인 콜린에스테라아제의 생산 활동을 억제한다. 콜린에스테라아제는 혈관을 확장하는 아세틸콜린을 분해한다. 즉, 분해 효소의 분비가 억제되는 만큼 혈관이 확장되면서 혈액 순환이 개선된다. 쌓여 있던 피로 물질이 흘러가버리면 근육 긴장도 풀어진다.

191

비타민제는 언제 먹는 것이 효과적일까?

비타민제를 복용한 뒤 소변을 누면 비타민 냄새가 나는 경우가 있다. 몸속으로 들어온 비타민이 흡수되지 않고 소변으로 배출되어버리기 때문이다.

비타민에는 수용성과 지용성이 있다. 수용성 비타민을 필요 이상 섭취하면 소변과 함께 몸 밖으로 배출되어버린다. 따라서 복용한 비타민제를 최대한 흡수하려면 낮보다는 밤에 먹는 것이

넌 굳이
밤에 먹을 이유가
없을 것 같은데?
VITA
MIN

좋다. 밤에는 잠을 자기 때문에 소변보는 횟수가 줄어든다. 그런 만큼 복용한 비타민이 몸속에 오래 머문다. 수용성 비타민인 비타민 B군과 비타민 C는 특히 밤에 복용하는 것이 좋다.

192
사람 몸에 왜 철이나 구리 같은 금속이 도움이 될까?

"몸 안의 미네랄이 부족하다"거나 "채소를 섭취해 미네랄을 보충하라"라는 말을 흔히 듣는다. 여기서 미네랄은 원래 철분, 아연, 구리 등의 금속을 포함하는 광물이다.

그렇다고 철이나 구리가 그대로 몸속에 존재하는 것은 아니다. 수분에 녹아 양이온이 되거나 단백질이나 비타민과 결합한다. 이 중 칼륨과 나트륨은 체액의 침투압을 조절해 영양소를 흡수하거나 배출하는 데 도움을 준다.

마그네슘은 몸속에 산소, 탄소, 수소, 질소 등이 드나드는 데 필요한 효소를 돕는다. 칼슘은 뼈를 만드는 기능 외에 눈의 망막이 빛을 느꼈을 때 그 정보를 뇌에 전달하는 작용도 한다. 그 밖에 철이나 구리, 아연, 망간 등 인간에게 필요한 금속은 여러 가지가 있으며 인간 몸의 3퍼센트는 이런 금속으로 구성되어 있다. 이들은 몸을 만들거나 컨디션을 조절하는 데 빼놓을 수 없는 역할을 한다.

193

니트로글리세린이 약이 되는 이유는?

폭약 니트로글리세린은 협심증 발작의 특효약이다.

니트로글리세린은 정맥으로 들어가 혈관을 확장시키고 혈압을 내려주기 때문에 심장의 부담이 줄어든다. 동시에 심장을 둘러싸고 있는 관상동맥을 확장해 심장으로 산소를 운반하는 혈액의 양을 증가시킨다.

이런 작용 덕분에 심장 고동이 편해지고 발작이 가라앉는 것이다. 일반적으로 복용한 뒤 1~2분 만에 효과가 나타나기 시작해서 5분이 지나면 발작이 가라앉는다.

니트로글리세린을 약으로 사용한 이는 폭약 제조공장에서 일하는 사람들이었다. 그들은 니트로글리세린이 협심증에 잘 듣는다는 것을 경험으로 알고 있었다.

194

사람은 우유만 마시며 얼마나 살 수 있을까?

전문가에 따르면, 사람은 우유만 마시고도 1년은 확실히 살 수 있다고 한다. 우유는 그 정도로 영양이 풍부하다.

보통 가공유는 100그램당 63킬로칼로리. 단백질 2.9그램, 지질

확실히 다이어트는 되겠군…
제 아버지도 우유를 마시고
제 딸도 우유를 마시는데…
우르릉
한 달째 우유만 마시는 중

3.4그램 이외에 당질, 칼슘, 철분, 칼륨, 비타민 등을 함유해 완벽한 영양식품이라고 말할 수 있다. 물만 마시며 한 달 이상 살 수 있지만 수분에 더해 여러 영양소가 포함된 우유라면 1년 이상은 충분히 버틸 수 있다.
『잃어버린 시간을 찾아서』로 잘 알려진 프랑스의 문학가 마르셀 프루스트는 말년에 8년 동안 카페오레만 마시며 살았다는 사실을 가정부가 증명한 바 있다.
단, 동양인 중에는 성인이 된 이후 유당 분해 효소가 줄어드는 경우가 많다. 이런 사람은 우유를 마시면 설사를 하고 설사 때문에 몸속 수분이 빠져나가 우유만 마시면서는 장기간 생존할 수 없다.

195

매운 카레를 먹으면 왜 시원하게 느껴질까?

더운 여름날 갑자기 카레를 먹고 싶어질 때가 있다. 카레는 인도를 비롯한 더운 나라에서 즐겨 먹는다. 매운 카레를 먹으면 몸이 시원해진다는 사실을 경험으로 알고 있기 때문이다.
매운 카레를 먹으면 몸이 달아오르면서 온몸에서 땀이 흘러나온다. 카레에는 신진대사를 활발하게 해주는 작용이 있기 때문이다. 그리고 땀이 마를 때의 기화열이 피부에서 온도를 빼앗는다. 그 때문에 땀을 흘리고 잠시 지나면 시원한 느낌이 드는 것이다.

실제로 카레를 먹은 사람의 체온 변화를 조사해보니 먹은 직후에 올라간 체온이 3분도 지나지 않아 오히려 내려간다는 사실이 확인되었다.

196

어떤 음식을 먹더라도 대변 색깔이 비슷한 이유는?

오징어 먹물 스파게티를 먹은 다음 날 대변은 검은색이다. 그러나 이건 극히 드문 경우이며, 어떤 음식을 먹더라도 대변 색깔은 비슷하다. 상추나 시금치 등 녹색 채소를 많이 먹었다고 해서 녹색 대변이 나오는 것은 아니다.

이는 대변이 몸속에서 색깔이 입혀진 상태로 배출되기 때문이다. 대변 색깔을 만드는 것은 간에서 분비되는 담즙이다. 담즙에 있는 빌리루빈이라는 색소가 소화된 음식물과 섞여 대변 색깔을 만든다.

대변 색깔은 건강 상태를 알려주는 소중한 지표다. 대변이 평소와 다른 색깔을 띠면 몸에 이상이 있지는 않은지 의심해볼 필요가 있다. 붉은변이나 흑변은 소화기관 내 출혈이 원인일 수 있는데 붉은변은 대장이나 직장 등 아래쪽 소화기관에서, 흑변은 식도나 위 등 위쪽 소화기관에서 출혈 또는 염증이 있을 확률이 높다. 한편 흰색이나 회색변은 간이나 담낭 이상으로 담즙이 확실하게 분비되지 않을 때 나타날 수 있고, 초록빛 담즙이 제대로 분해되지 않은 채 대장으로 내려가면 녹색변을 볼 수도 있다.

197

술에 취하면 왜 소변을 오래 볼까?

술을 많이 마시면 평상시보다 화장실에 자주 가게 된다. 그리고 소변도 오래 본다. 알코올의 이뇨 작용 때문이라고 생각하기 쉬운데 사실은 그렇지 않다. 수분을 지나치게 많이 섭취한 것이 주된 원인이다.

취할 정도로 술을 마시면 몸속에는 알코올뿐 아니라 수분도 많이 들어간다. 당연히 방광에 소변이 고이기 쉽고 소변을 보는 횟수와 양도 증가한다. 평소보다 배설량이 많아지는 이유는 알코올 때문에 방광 감각이 둔화되었기 때문이기도 하다. 평소에는 방광에 200밀리리터만 고여도 화장실에 가고 싶어진다. 하지만 술에 취하면 한계에 이를 때까지 소변보고 싶은 생각이 들지 않는다.

방광 용량은 성인이 300~400밀리리터 정도. 그러니까 술에 취했을 때 소변보고 싶다는 생각이 들면 평소의 두 배에 해당하는 400밀리리터 정도가 이미 차 있다는 의미다. 그런 만큼 한 번에 배설하는 양도 많아진다.

198
만약 사람에게 눈이 세 개 있다면 풍경은 어떻게 보일까?

사람은 눈이 두 개이기 때문에 풍경을 입체적으로 볼 수 있다. 왼쪽 눈과 오른쪽 눈에 비치는 영상에 미묘한 차이가 있기 때문에 대상 물체까지의 거리나 깊이를 파악할 수 있는 것이다.

그렇다면 만약 사람에게 눈이 세 개 있다면 어떻게 보일까? 이마 한가운데에 세 번째 눈이 있다면 풍경이 더 입체적으로 보이지 않을까?

그렇지 않다. 진화 과정에서 눈이 세 개 있어야 할 필요는 없기 때문에 지금처럼 두 개의 눈을 가지게 된 것이다.

일설에 의하면 척추동물의 조상은 원래 눈을 세 개 가지고 있었

자꾸만 사람을 잘 못 알아보고, 가끔 집이 어딘지 헷갈리고 그래요.
근데, 누구시죠? 여긴 어인 일로…
아, 환자분이셨구나.
성격도 더 소심해졌어요..

다고 한다. 그런데 진화 과정에서 하나가 사라지고 두 개만 남았다. 그 흔적이 뇌 안에 있는 송과체(松果體)다. 송과체에는 빛을 감지하는 능력이 있기 때문에 퇴화한 눈의 흔적으로 여겨지고 있다.

또 눈이 세 개 있으면 뇌의 정보처리 과정이 복잡해진다. 판단에 시간이 걸리기 때문에 오히려 사물을 제대로 파악하지 못할 가능성이 높다. 역시 사람의 눈은 두 개가 적당하기에 두 개만 남겨진 것이다.

199
길치는 왜 길을 잘 잃어버릴까?

길을 잘 잃어버리는 사람을 방향감각에 문제가 있는 사람, 곧 '길치'라고 부른다.

방향감각은 동서남북을 인식하는 능력, 표시를 식별하고 기억하는 능력, 모르는 길이라도 어디에 무엇이 있는지 판단할 수 있는 능력을 종합한 감각이다.

우선 지형이나 태양 위치를 보며 자기가 어느 방향으로 향하고 있는지 의식하고 있으면 엉뚱한 곳으로 가지 않는다. 또 눈에 띄는 건물을 기억하거나 몇 번째 신호에서 돌아야 한다는 사실을 파악하고 있으면 대부분 지도대로 움직인다. 그리고 거리에는 일종의 법칙이 있다. 시청 근처에는 지하철역이 있는 식이다.

그런 감각이 작용하면 처음 가는 지역이라고 해도 어떻게 움직여야 당황하지 않을지 대강은 이해하고 움직일 수 있다.
이상 세 가지 능력 중 어느 하나, 또는 모든 능력이 결여된 사람이 쉽게 길을 잃어버리는 길치다.
상대적으로 여성에게 길치가 많은 이유는 공간인지능력이 부족한 사람이 많기 때문이다. 특히 동서남북을 인식하는 능력이 떨어져 엉뚱한 방향으로 가는 사람이 많다.

200 보름달 아래에서 살을 태울 수 있을까?

햇살이 약한 겨울에도 계속 밖에 있으면 어느 정도 피부가 그을린다. 그렇다면 달빛이 가장 강한 보름달이 뜬 밤에 오랫동안 밖에서 지내면 피부가 타지 않을까?
그런 일은 없다. 달빛은 햇빛과 비교조차 할 수 없을 정도로 약하기 때문이다. 보름달이라고 해도 낮의 태양의 1만분의 1 정도 밝기로는 피부를 태울 수 없다.
그리고 달빛에는 피부를 태우는 원인이 되는 자외선 B파가 없다. 달빛은 햇빛을 반사한 것이다. 자외선 B파는 햇빛이 달에 비쳤을 때 흡수된다. 그래서 지구에 달빛이 도달했을 때는 거의 사라져버리기 때문에 아무리 달빛 아래에 벌거벗고 있어도 피부가 타는 일은 없다.

201
사람의 귀 모양에는 특별한 의미가 있을까?

사람의 귀는 묘하게 울퉁불퉁한 모습이다. 이 모양에는 나름대로 의미가 있다. 바로 소리의 종류나 소리가 들려오는 방향을 구분하는 것을 돕는 역할이다.

이러한 사실은 실험을 통해 증명되었다. 고양이 귀에 점토를 발라 울퉁불퉁한 굴곡을 없애버리자 고양이는 소리를 제대로 구분하지 못했다.

한편 사람의 귀는 더위를 막아주는 역할도 한다. 울퉁불퉁하면 표면적이 커져서 열을 방출하기 쉽다.

202
귀는 왜 필요한 소리만 골라 들을까?

시끄러운 장소에서도 누군가가 자신의 이름을 부르면 바로 알아듣는다. 이러한 능력을 '칵테일파티 효과'라고 부른다. 칵테일파티 같은 시끄러운 자리에서도 자신에게 필요한 소리는 확실하게 알아듣는다는 의미다.

이런 일이 가능한 이유는 사람의 뇌와 귀가 패턴 인식 능력을 가지고 있기 때문이다. 예를 들어 뇌는 자기 이름을 부르는 소리가 만들어내는 파장을 확실하게 기억하고 있다. 그렇기 때문

아토피 걸린 옆집 애가……
아토피 증상엔 말이지……
글쎄 우리 애도 아토피잖아
공기가 나빠져서 요즘은 아토피가 너무 흔해요.
이름: 아토피
이런 파티는 싫어…
아, 토핑이 필요하시다구요?

에 아무리 시끄러운 장소라고 해도 자기가 잘 알고 있는 파장과 비슷한 소리를 알아차릴 수 있는 것이다.

203
손가락으로 귀를 막았을 때 들리는 소리는 무슨 소리일까?

손가락으로 귀를 막으면 나지막하고 묘한 소리가 들린다. 이것은 근육이 울리는 소리다.

근육은 근섬유라는 가느다란 섬유가 모인 것으로 이들 섬유가 수축함으로써 근육이 활동한다. 그리고 근섬유는 수축할 때마다 소리를 내는데 그 소리는 우리 귀에 들리지 않는다. 그러나 귓구멍을 손가락으로 막으면 팔 근육이 활동하는 소리가 손가락을 통해서 들리게 된다.

300여 년 전에 이 사실을 처음 깨달은 사람은 이탈리아 선교사 그리말디다. 그러나 그의 발견은 어느 틈에 잊혀져버리고 150년쯤 후에 영국 화학자이자 물리학자인 울러스턴이 재발견했다.

204
사람은 우주 공간에서 얼마나 오래 머물 수 있을까?

인류가 우주에서 본격적으로 생활하기 위해서는 여전히 많은 문제를 해결해야 한다. 무중력 공간에 오래 머물면 이런저런 육체적 변화가 일어나기 때문이다.

체액을 예로 들어보자. 중력이 작용할 때 하반신에 몰려 있는 체액이 무중력 공간에서는 온몸으로 퍼진다. 그 때문에 얼굴이 붓거나 소변 양이 늘어난다. 소변 양이 늘면 칼슘과 인이 많이 배출되어 골다공증에 걸릴 위험성이 높아진다.

현 시점에서 사람이 우주에 머물 수 있는 기간은 6개월에서 9개월 정도로 본다. 물론 인간 능력에는 언제나 개인차가 존재하는 법. 1994년 1월 구소련 우주인 발레리 폴랴코프는 우주정거장 미르로 날아가 437일 18시간을 체류하고 돌아왔다. 이 최장기 우주 연속 체류 기록은 여전히 깨지지 않고 있다.

205
욕조에 들어가면 왜 몸이 근질거릴까?

욕조에 들어가서 몸이 따뜻해지면 왠지 이곳저곳이 근질거리는 느낌이 든다. 이 가려움은 몸의 때와는 관계가 없다.

목욕할 때 몸이 가려운 건 생리현상이다. 졸릴 때 눈 주변이 근질거리는 것과 같은 현상인데, 졸리면 피부에 혈액이 모이고 혈액이 피부 신경을 자극해 눈이나 몸에 근질거리는 느낌이 생긴다. 목욕물에 몸을 담그면 몸이 따뜻해진다. 그러면 피부에 혈액이 모여 피부 신경을 자극하기 때문에 여기저기가 가려워지는 것이다.

아이,
근질근질해~
벅벅
부글부글
?
때 때문이
아니라고?
으흐흑…

206 땀을 많이 흘리는 열대지방 사람들은 염분 부족에 시달릴까?

땀은 99퍼센트 이상을 차지하는 수분과 1퍼센트 가까운 염분으로 이루어져 있다. 그래서 땀을 흘리면 몸 안의 염분이 부족해진다. 땀을 흘렸을 때 염분을 많이 섭취해야 하는 이유도 그 때문이다.

그럼 열대지방 사람들은 늘 염분 부족 현상을 겪으며 살아가고 있을까? 아무리 익숙해졌다고 해도 1년 내내 더운 지역에서 살면 흘리는 땀의 양도 많을 것이니 말이다.

그건 사실 잘 모르고 하는 걱정이다. 더운 지방에 사는 사람들은 땀에 포함된 염분의 양 자체가 적다. 우리도 여름이 되면 땀 속 염분의 양이 적어진다. 사람의 몸에는 기후나 계절에 따라 염분 배출을 제어하는 기능이 갖추어져 있다.

207

물집 안 수분의 정체는?

담뱃불 따위에 데면 물집이 생긴다. 터뜨리면 안에서 액체가 나오기 때문에 '물집'이라고 부르지만 이 액체는 물이 아니다.

화상은 열 때문에 피부와 세포에 염증이 생기는 것이다. 이때 세포는 파괴되고 체액이 피부에 스며 나온다. 피부 바깥쪽은 표피가 덮고 있고 그 아래 진피가 있다. 스며 나온 체액이 표피와 진피 사이에 고인 상태가 물집이다.

체액에는 혈액, 림프액, 조직액 등 세 종류가 있다. 혈액을 구성하는 적혈구, 백혈구, 혈소판, 혈장 중에서 혈장 이외에는 고체이기 때문에 피부로 스며 나오지는 않는다.

요컨대 물집의 '물'은 세포가 파괴되면서 스며 나온 체액이며 혈장, 림프액, 나아가 조직액을 구성하는 물, 단백질, 지방, 포도당, 무기염류, 아미노산 등이 모인 것이다.

물집을 잘 관리하지 못하면 흉터가 질 수 있고 2차 감염의 위험이 있으므로 증상에 따라 전문적인 치료를 받을 것을 권한다.

208
사람 체온의 상한선과 하한선은 몇 도일까?

체온이 38도까지 오르면 상당히 괴롭다. 40도를 넘으면 그대로 죽어버릴 것 같은 느낌도 든다. 한데 사람은 그 정도로는 죽지 않는다.

사람이 목숨을 잃을 가능성이 있는 고열은 42도다. 이 온도에 이르면 몸속 단백질이 변질되어 원래 상태로 돌아오지 못한다. 그러나 여기에도 개인차가 있어서 그 이상 열이 올라도 죽지 않는 사람이 있다. 한 미국인은 일사병으로 한때 체온이 46.5도까지 올라갔지만 3주일 정도 입원해 치료한 뒤 무사히 퇴원했다.

그렇다면 체온이 떨어지는 건 어떨까? 일반적으로는 체온이 20도를 밑돌면 사망할 가능성이 높다고 한다. 여기에도 예외가 있다. 캐나다의 한 소녀가 영하 22도 실외에 방치되어 체온이 14.2도까지 내려갔다. 치료 과정에서 동상에 걸린 다리를 절단해야 했지만 죽음에 이르지는 않았다.

209
체내시계는 몸 어디에 있을까?

매일 일정한 시간이 되면 잠에서 깨고 졸리고 배가 고파지는 것은 몸 안에 체내시계가 있기 때문이다.

체내시계는 바로 여기 뇌에 있다고!
헤헤, 내껀 식사시간만 알려줘서 배 속에 있는 줄 알았지.
그러고보니 쟤는 정말로 배에 있을지도 몰라..
꼬르륵

체내시계를 다스리는 것은 뇌의 시상하부다. 시상하부에는 자율신경계와 체온, 수면, 생식 등의 중추가 있다. 이들이 확실하게 24시간 주기로 돌면 매일 아침 정해진 시간에 일어나고 정해진 시간에 배가 고프다.

유전자 안에도 체내시계와 관련 있는 것이 여러 가지 존재한다는 사실이 밝혀졌다. 1994년에 '클록(clock)', '피리어드(period)'라는 유전자가 발견되었는데 이들은 체내시계 성능이 유전된다는 사실을 알려주었다. 부모가 잠꾸러기인 집에서는 아이 역시 잠꾸러기가 되기 쉬운데 이것은 생활 습관뿐 아니라 유전자에도 문제가 있기 때문이다.

210 알루미늄 포일을 씹으면 왜 오싹 소름이 끼칠까?

충치 치료로 봉을 박은 사람이 빵이나 과자에 달라붙어 있는 알루미늄 포일을 실수로 씹으면 소름 끼치는 오한이 등줄기를 달린다. 때로는 통증까지 느껴지기도 하는데 그 원인은 입속에서 발생한 전류 때문이다.

전류는 서로 다른 두 금속이 전도성 액체에 의해 연결될 때 발생하기 쉽다. 입속의 경우 한쪽 금속은 알루미늄 포일, 다른 한쪽은 충치 치료 후 구멍을 메울 때 사용하는 금이나 은이다. 전도성 액체는 물론 침이다. 침에는 다양한 염류가 있어 전기가 잘 통할 수 있다. 더구나 충치 치료 후 박는 봉은 신경과 가깝게 있어 알루미늄 포일과 봉이 만나 발생한 전류가 곧바로 신경을 자극해 불쾌감을 주는 것이다.

다시 말하지만 이 현상은 알루미늄 포일이 봉에 닿지 않으면 발생하지 않는다. 즉, 봉을 박지 않은 사람과는 관계가 없는 이야기다.

211 계단을 올라갈 때와 내려갈 때 근육통이 발생하기 쉬운 쪽은?

격렬한 운동을 한 다음 날 근육통으로 고통스러웠던 기억이 있을 것이다. 그런데 근육통은 어떤 운동을 하든 항상 생기는 것이 아니다. 계단을 오르내리는 경우를 예로 들면, 계단을 올라갈 때보다 내려올 때 근육통이 발생하기 쉽다.

근육통은 근육을 둘러싸고 있는 근막이나 피부 아래 결합조직이 격렬한 운동으로 손상되어 생긴다. 근육을 둘러싸고 있는 이 결합조직은 근육 그 자체보다는 탄력이 떨어진다. 그래서 근육이 갑자기 늘어나면 늘어나는 근육을 따라가지 못하는 결합조직이 손상되어 근육통이 발생한다.

다시 말해 격렬한 운동을 하더라도 그것이 근육을 조이는 운동이라면 근육통은 거의 발생하지 않는다. 계단을 올라갈 때는 근육이 수축되는 방향으로 힘이 들어간다. 한편 계단을 내려갈 때는 허벅지나 장딴지가 늘어나는 방향으로 움직인다.

근육통을 앓고 싶지 않으면 미리 스트레칭을 통해서 근육을 늘려두면 된다. 근육을 늘려두면 결합조직이 늘어나더라도 손상을 받지 않아 근육통이 발생하지 않는다.

212
새끼손가락을 구부리면 약손가락도 함께 구부러지는 이유는?

손을 펴서 새끼손가락만을 구부려보자. 새끼손가락만 움직여지지 않고 약손가락이 함께 구부러진다. 이는 두 손가락의 신경과 근육 구조가 매우 가까이 있기 때문에 일어나는 현상이다.
새끼손가락을 움직이려 하면 대뇌 명령이 일단 척추로 전해진 다음 신경을 통해 새끼손가락 근육으로 전달된다. 이 명령을 새끼손가락으로 전하는 신경은 약손가락으로 전해지는 신경과 같은 방향으로 작용하는데, 두 신경은 확실히 구분되어 있지 않다. 그 때문에 새끼손가락으로 보내는 명령이 약손가락에도 함께 전달된다. 그래서 두 손가락이 함께 움직이는 것이다.
또 엄지손가락을 제외한 나머지 네 개 손가락은 관절이 두 개씩 있어서 근육도 피부 표면에서 가까운 근육과 먼 근육, 이렇게 두 개씩 있다. 그중 표면에서 먼 근육, 즉 깊이 있는 근육은 손가락을 한 개씩 구부릴 수 없고 함께 구부러지는 성질이 있다. 이 역시 새끼손가락과 약손가락이 같이 움직이게 한다. 이처럼 우리 몸에는 마음대로 조종할 수 없는 부분이 제법 있다.

213
잠에서 깨고 싶을 때 왜 미지근한 물이 도움이 될까?

아침에 일어났을 때 찬물로 세수를 하면 머리가 상쾌해진다. 그렇다면 찬물로 아예 샤워를 하면 한층 더 잠에서 쉽게 깨어나지 않을까?
그렇지 않다. 잠에서 깨어나고 싶을 때는 찬물 샤워보다는 미지근한 물 샤워가 훨씬 더 도움 된다. 미지근한 물이 자율신경에 더 강력하게 작용하기 때문이다.

수면을 비롯한 인간의 생리기능을 담당하는 자율신경에는 교감신경과 부교감신경이 있다. 이 중 교감신경은 온몸의 활동력을 높여주는 신경으로 잠에서 깨어나려면 교감신경이 활발하게 활동하도록 해주어야 한다.

찬물 샤워는 교감신경을 강하게 자극해서 순간적으로는 잠에서 깨어난 기분이 들 수 있다. 그러나 지나치게 흥분한 교감신경은 그 반발로 곧 진정되고 오히려 수면을 유도하는 부교감신경이 활발하게 움직인다. 교감신경을 적절히 자극해 움직이게 하려면 미지근한 물로 샤워하는 게 훨씬 낫다.

214
머리카락은 어디까지 자랄까?

머리카락은 하루에 0.3~0.5밀리미터씩 자란다. 한 달로 환산하면 평균 1.2센티미터, 1년이라면 14.4센티미터다.

사람이 80년을 산다고 할 때 태어나서 한 번도 머리카락을 자르지 않으면 머리카락은 11.5미터까지 자란다는 계산이 나온다. 단, 머리카락에는 수명이 있어서 처음 자라기 시작한 후 일정한 기간이 지나면 빠져버린다. 머리카락의 수명은 성인 여성은 4~6년, 성인 남성은 3~5년 정도다. 이를 고려해 다시 계산하면

신부 베일이 까만색이네?
평생 기른 머리카락이래.

성인 여성은 기껏해야 90센티미터(14.5센티미터×6년) 정도 자랄 뿐이다.

물론 기네스북에는 머리카락 길이가 4.23미터나 되는 인도인의 기록이 남아 있다. 이 정도 길이라면 30년 가까이 머리카락이 빠지지 않았다는 것이다.

사람의 몸을 둘러싼 이야기에는 항상 예외가 존재한다.

215
수온이 30도인 목욕물은 왜 미지근하게 느껴질까?

사람의 피부 주위에는 '한계층(限界層)'이라고 불리는 공기층이 덮여 있다. 이 층의 온도에 따라 사람은 더위와 추위를 느낀다.

사람의 정상 체온은 36~37도이기 때문에 주위가 30도라면 본래는 그렇게 덥게 느끼지 않는다. 하지만 공기의 열전도율 때문에 기온이 30도라고 해도 한계층의 온도는 체온의 영향을 받아 30도 이상으로 올라간다. 그러면 그때 후끈하게 더운 느낌이 든다.

한편, 물의 열전도율은 공기보다 훨씬 높기 때문에 욕조에 들어가면 물의 온도가 피부에 직접 전달된다. 그래서 30도 정도라면 자신의 체온보다 6도 이상 낮기 때문에 미지근하게 느껴진다. 체온보다 약간 높은 40도 정도가 되어야 비로소 따뜻하다고 느낀다.

216

여덟 시간 수면이 가장 좋을까?

전문가들은 사람마다 필요한 수면 시간이 달라서 정상적인 수면 시간은 존재하지 않는다고 한다. 세상에는 잠을 즐기는 사람도 있고 잠 자는 시간이 아깝다고 생각하는 사람도 있다. 그런 가치관 차이나 습관, 체질에 따라 각자에게 맞는 수면 시간이 있다.

"최소 여덟 시간은 자야 한다"고 말하는 사람이 일 때문에 수면 시간이 줄었으나 다섯 시간만 자고도 거뜬하게 버티는 경우가 있다. 일이 재미있거나 의욕이 생기면 처음에는 졸린 느낌이 들지만 서서히 익숙해지는 것이다.

잠은 적어도 여덟 시간 이상 자야 한다고 하는 것은 어디까지나 하나의 기준일 뿐이다. 모든 사람이 그 숫자에 얽매여 집착할 필요는 없다.

217
이를 갈 때 힘은 몇 킬로그램일까?

보통 과자를 씹을 때 들어가는 힘은 10킬로그램, 식빵을 씹을 때는 30킬로그램의 힘이 들어간다.

그런데 자면서 이를 갈 때는 60~70킬로그램의 힘이 들어간다. 깨어 있을 때보다 훨씬 더 턱과 이를 혹사시키는 셈이다. 이를 가는 버릇이 있는 사람은 이가 흔들리거나 닳아버리는 경우도 있다.

218
얼굴이 달아오르면 얼굴 온도도 상승할까?

얼굴이 달아오르는 상태는 발그레해지며 화끈거리는 느낌이 있기 때문에 스스로 자각할 수 있다.

결혼식에서 연설할 차례를 기다리는 사람 얼굴의 온도 변화를

보글보글
쿡쿡
호호호
와, 끓기 시작했다!
쿡
저는 어제 버스에서 바지에 똥을 주르륵 쌌습니다.
이제 라면 넣자
ㅋㅋㅋ
하하하
하하하
재미있는 실험에 참여하면 라면을 준다는 말에 깜빡 넘어간 똥띠
바보네

조사한 실험이 있었다. 실험 결과 자기 차례가 다가올수록 얼굴 온도가 올라가 최고에 이르렀을 때는 표면 온도 평균치가 안정 상태일 때보다 1도 가까이 높았다. 그때 손발 온도는 반대로 내려갔다. 즉, '달아오르는' 상태는 몸속 혈액이 얼굴로 몰리는 것이다.

219
몇 번 이상 씹어야 잘 씹어 먹는 걸까?

여러 번 꼭꼭 씹어 먹으라는 말을 어린 시절부터 들어왔을 것이다.

음식물을 잘 씹어 먹으면 타액 분비가 많아져서 소화가 잘 된다. 동시에 잘 씹으면 만복감이 느껴지기 때문에 비만도 예방할 수 있다.

또 하나, 암 예방 효과도 있다는 사실이 밝혀졌다. 타액에는 페록시다아제, 카탈라아제라는 효소와 비타민 C가 함유되어 있는데 이들이 발암물질의 독성을 제거해준다. 발암물질 중 가장 독성이 강한 아플라톡신조차도 타액 덕분에 독성이 15분의 1로 약화된다고 한다. 단, 타액이 암을 예방하도록 하려면 한 번에 20회 이상 씹어야 한다.

한편 씹는 동작은 대뇌피질을 자극하고 뇌로 가는 혈류를 증가시켜 뇌세포에 산소와 영양소가 충분히 공급되게 한다. 이로써 치매에 걸릴 위험도 낮추는 등 뇌 건강에도 큰 영향을 미친다.

220

낮잠을 자고 나면 왜 머리가 아플까?

낮잠에서 깬 후 머리가 욱신거리며 아플 때가 있다. 하지만 잠시 후 자연스럽게 낫는다. 낮잠 후에 왜 이런 두통이 생길까?

사람은 수면 중에 얕게 자는 렘수면과 깊게 자는 논렘수면을 되풀이한다. 낮잠은 렘수면으로 몸은 잠들어 있어도 뇌는 깨어 있는 상태다.

뇌가 활동하면 당연히 혈액이 활발하게 흘러 들어가는데 머리 혈관은 수면 중일 때는 약간 수축된다. 그럴 때 뇌의 혈액이 눌리는 듯한 상태가 되어 두통을 일으키는 것이다.

밤에 잠을 자는 동안에도 논렘수면과 렘수면이 되풀이되어 같은 현상이 발생하지만 도중에 잠에서 깨어나지 않기 때문에 깨닫지 못한다. 그러나 낮잠의 경우 혈액 흐름이 흐트러져 있는 상태에서 깨어나기 때문에 두통을 느끼게 된다.

221

모기에 물리면 왜 가려울까?

사람의 혈액은 몸 밖으로 나오면 굳어버린다. 이런 사람의 피를 그대로 모기가 빨면 피가 응고될 때 작은 모기의 몸도 함께 굳어버릴 것이다.
모기 타액에는 사람의 피가 굳지 않게 하는 물질이 포함되어 있다. 모기는 그것을 주입한 후 천천히 피를 빨기 시작한다. 모기가 주입한 물질은 단백질로 이루어져 있기 때문에 사람 몸에서 알레르기 반응이 일어난다. 모기에 물렸을 때 가려우며 물린 자리가 빨갛게 부어오르는 것 모두 알레르기 반응 때문이다.
가려움을 줄이려면 헤어드라이기, 뜨거운 티스푼 등으로 체내 온도보다 더 높은 열을 가하는 게 효과적이다.

222
코피는 왜 나올까?

코에는 많은 연골이 있고 연골은 얇은 점막으로 덮여 있다. 즉, 체표면 바로 아래 코의 혈관이 지나는 것이다. 그래서 작은 충격에도 혈관이 터져 코피가 나온다.
더구나 코의 점막은 건조한 상태가 되면 벗겨져서 떨어질 정도로 얇기 때문에 사춘기에 접어든 아이는 생리 등으로 컨디션이 나빠지는 것만으로 코피를 흘리기도 한다.
덧붙여 코피가 나올 때 목 뒷부분을 두드리는 사람이 있는데 이것은 예민한 코 점막을 더욱 자극할 수 있는 안 좋은 방법이다.
코피가 흐를 때 가장 바람직한 대처 방법은 탈지면으로 콧구멍을 막고 손가락으로 코 윗부분을 누르는 것이다.

223

배가 부르면 왜 졸음이 밀려올까?

식사 후 배가 부르면 눈꺼풀이 무거워지며 슬슬 졸음이 밀려온다. 그 이유는 무엇일까?

음식물을 섭취해 포만감을 느끼면 사람이 활발하게 활동할 때 작용하는 교감신경 활동이 둔화되고 휴식을 취할 때 작용하는 부교감신경 활동이 향상된다. 그리고 체온이 상승하기 때문에 졸음이 밀려온다.

또 평소에는 뇌간 부분에 있는 '모양체'라는 세포가 대뇌를 자극해 졸리지 않게 하지만 식후에는 그 활동이 약해진다. 이 역시 졸음을 불러오는 원인이다.

224

방귀 뀌는 횟수가 증가하는 조건은?

방귀 뀌는 횟수가 증가하려면 다음의 세 가지 조건이 필요하다.

첫째, 섬유질이 많은 음식을 섭취할 것. 고구마, 우엉, 바나나, 양배추, 사과, 버섯 등을 먹으면 방귀의 원인인 가스가 대량으로 발생한다.

둘째, 변비. 장운동이 나빠져서 섭취한 음식이 장을 통과하는 속도가 느려지면 대장균에 의해 음식물이 부패하고 발효되어 가

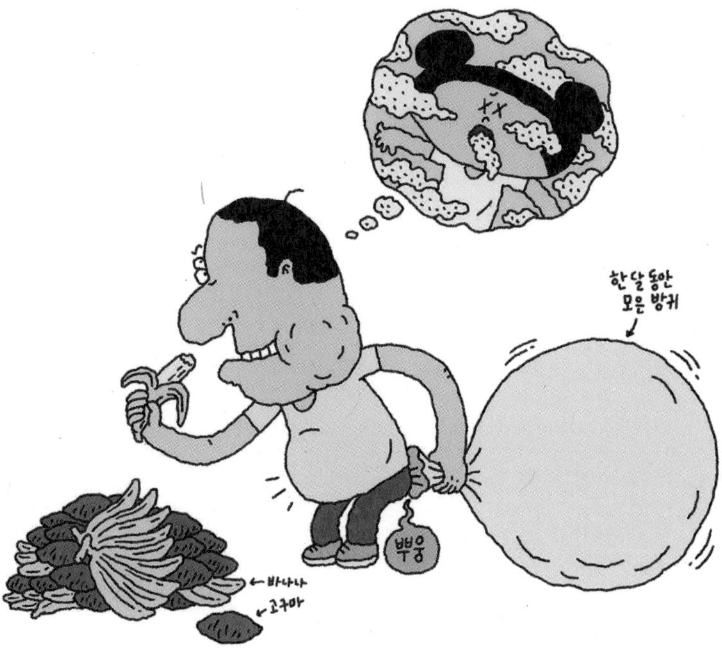
한 달 동안
모은 방귀
뿌웅
바나나
고구마

스가 증가한다.

셋째, 공기가 폐가 아닌 위장으로 들어갈 것. 위로 들어온 공기의 대부분은 트림으로 배출되지만 그 일부는 장을 통과해 아래쪽으로 배출된다. 이것이 방귀다.

225
속눈썹은 왜 계속 자라지 않을까?

속눈썹은 사람의 체모 가운데 특히 발육이 느리고 수명도 짧다. 그렇기 때문에 계속 길게 자라서 눈앞을 가리는 일은 없다.

일반적으로 위 속눈썹은 350개 정도이고 길이는 8~12밀리미터, 아래 속눈썹은 80개 정도이고 길이는 6~8밀리미터다. 위아래 속눈썹 모두 하루에 0.1밀리미터씩 자라 100~150일 사이에 빠져버린다.

226
등뼈는 왜 휘어 있을까?

사람의 등뼈는 S자 모양으로 휘어 있다. 이 덕분에 사람은 두 발로 서서 걸을 때 위아래에서 가해지는 충격을 줄일 수 있다.

만약 등뼈가 곧다면 높은 장소에서 뛰어내릴 때 어떻게 될까? 떨어지는 충격으로 등뼈가 부러질 수 있으며 내장까지도 심한 손상을 입어 파열될 것이다.

네 발로 걷는 동물은 높은 데서 뛰어내릴 때 앞발로 부드럽게 착지하며 충격을 흡수한다. 하지만 두 발로 걷는 사람은 그런 용도의 앞발을 가지고 있지 않다. 그래서 사람의 등뼈가 충격을 완화시키기에 적당할 정도로 휘어 있는 것이다.

227 왜 사람에게만 꼬리가 없을까?

꼬리가 있는 동물은 나름대로의 필요 때문에 꼬리를 가지고 있다. 다람쥐나 캥거루는 뛰거나 점프할

꼬리는 거짓말을 못하지~♫
흥! 난 댁같은 사람에겐 관심없거든요?
픕
살랑 살랑

때 꼬리로 균형을 잡고 하마는 짧은 꼬리를 휘둘러 대변을 흩날리는 것으로 영역을 표시한다.
사람에게는 꼬리가 필요 없어졌다. 두 발로 서서 걷게 되자 꼬리가 오히려 불편해졌다. 그래서 퇴화한 것이다.
한편, 개나 돼지처럼 가축화된 동물의 꼬리 또한 그 역할이 줄어들어 퇴화할 징조를 보이고 있다.

228
생리통은 어떤 통증일까?

생리통의 원리는 단순하다. 작은 자궁 입구에서 큰 혈액 덩어리가 나오려 하기 때문에 발생한다.
생리혈은 보통 혈액보다 묽은 편이지만 사람에 따라 피가 굳기 쉬운 체질이 있다. 그런 사람일수록 생리통이 심하다. 피가 쉽게 굳지 않는 사람은 통증을 별로 느끼지 않는다.
한편 생리 때 머리를 감으면 생리통이 생기기 쉽다는 말이 있는데 어느 정도 타당한 말이다. 두피와 자궁 신경이 서로 관련 있기 때문이다.
예전에는 자궁 질병으로 출혈을 하면 머리를 찬물로 적셨다. 그렇게 하면 자궁 입구가 수축되어 출혈이 멎었다. 하지만 요즘은 따뜻한 물로 머리를 감기 때문에 출혈양이 많아지고 그만큼 생리통도 심해졌다.

생리통이 있을 때는 적절한 진통제를 활용하는 게 좋다. 또한 아랫배와 하체를 따뜻하게 찜질해주고 생강차, 쑥차 등 생리통 완화에 도움이 되는 차를 마셔주면 좋다.

229
시간에 따라 입 냄새 강도가 달라지는 이유는?

입 냄새는 푸소박테리움과 박테로이데스라는 세균 때문에 발생한다. 이들이 입 안에 남아 있는 음식물 찌꺼기나 침 속 단백질을 메탄티올이라는 황화합물로 바꾼다. 그 때문에 입에서 악취가 풍기는 것이다.

이런 세균은 산소를 싫어한다. 그래서 입속이 산소로 가득 차는 시간대에는 입 냄새가 약해진다. 즉, 다른 사람과 이야기를 나누거나 입을 벌릴 기회가 많을 때는 입 냄새가 비교적 억제되는 것이다.

한편 입 냄새가 가장 심한 시간대는 아침에 잠에서 깨어났을 때다. 잠을 자는 동안 입을 벌리지 않기 때문에 공급되는 산소의 양이 줄어든 결과 세균 활동이 활발해져 입 냄새가 강해진다.

배가 고파서 침 분비량이 줄어들 때, 오랜 시간 입을 다물고 있어야 하는 회의 시간, 수업 시간, 드라마나 영화를 보고 있을 때 등에도 마찬가지로 산소 공급량이 줄어들어 입에서 냄새가 나기 쉽다.

230
겨울이 되면 왜 불면증을 앓는 사람이 증가할까?

겨울에 특히 불면증 때문에 고민하는 사람이 증가한다. 그 주된 원인은 겨울 추위와 밤의 길이다.

겨울에는 추위 때문에 야외 활동 대신 실내에서 생활하는 일이 많아진다. 그러면 몸이 그다지 피로하지 않기 때문에 깊은 잠에 빠질 수 없다.

또 밤이 길어지면 여름처럼 짧은 시간에 집중적으로 수면을 취할 수 없고 얕은 수면이 되풀이되곤 한다. 그러면 결국 잠자리에 누워도 잠들지 않는 상태가 몇 날 며칠 지속되면서 불면증으로 이어진다.

겨울에 극단적으로 밤이 길어지는 북유럽에서는 불면증 때문에 컨디션이 안 좋아지는 사람이 늘어난다. 이것이 바로 '겨울 우울증'이다.

231
사람 몸에서 가장 무거운 부분은?

여성은 남성보다 훨씬 더 물에 뜨기 쉽다. 비중이 낮은 체지방이 많기 때문이다.

실제로 체중이 많이 나가는 사람은 언뜻 보기에는 바로 가라앉을 것 같지만 사실은 물에

뻐끔뻐끔
물에 빠지면
이빨이 가장 먼저
가라앉는다던데…
저 친구는
입이 너무
가벼워서 그래.

잘 뜬다.

그러나 그런 사람의 몸에도 물에 가라앉는 부분이 있다. 바로 치아다. 치아는 물보다 훨씬 무겁기 때문에 물에 넣으면 당연히 가라앉는다.

232 이과 계통 학과에 남학생이 많은 이유는?

수학이나 물리학 전공자는 여성에 비해 남성이 월등히 많으며 일반적으로 과학이나 수학 계통 과목은 남성이 여성보다 더 잘한다.

이것은 개인차는 물론 존재하지만 남성의 공간 인식력이 좀 더 우수하기 때문이다. 그런 만큼 도형 문제를 포함한 수학적 사고에 유리하다.

이런 경향이 남녀의 기본적인 능력 차이라기보다는 '여성은 수학에 약하다'는 사회 통념의 영향 때문이라는 지적도 제기되고 있다.

233

피부를 태우기에 가장 나쁜 시간대는?

자외선은 살균, 비타민D 합성에 도움이 되지만 세계보건기구가 지정한 1군 발암물질이기도 하다. 그러므로 자외선에 과하게 직접 노출되는 것은 좋지 않다. 태양 아래에서 피부를 태우면 DNA가 파괴되고 피부암에 걸릴 수도 있다. 파괴된 DNA는 대개 회복되지만 드물게 회복되지 않는 경우가 있다. 이것이 되풀이되면 암세포로 변한다.

자외선 중에서도 특히 무서운 것은 파장 길이가 중간 정도인 B 자외선이다. 이것은 짧은 순간에도 인체에 영향을 끼쳐 화상이나 물집을 유발한다.

실외에서 햇빛을 쬐기에 가장 나쁜 시간대는 B 자외선이 가장 많은 오전 11시부터 오후 1시 사이. 이때 피부에 아무것도 바르지 않고 외출하면 한여름 쾌청한 날씨에서는 불과 15분 만에 피부에 문제가 생길 수 있다.

234

욕실에서 노래를 잘 부를 수 있는 이유는?

욕실에서 노래를 부르면 스스로 듣기에도 멋지게 들린다. 욕실이 좁고 밀폐되어 있기 때문이다. 또 소리를 흡수하는 커튼이나 카펫이 없기 때문에 노랫소리가 벽에 울려 마이크에 에코를 넣은 것과 비슷한 상태에 놓인다.
게다가 욕조에 몸을 담가서 몸과 마음이 편안한 상태면 평소보다 좋은 목소리를 낼 수 있다. 그렇기 때문에 자기 노랫소리가 멋지게 들리는 것이다.

욕실콘서트
'천상의 목소리' 아토미의 욕실로 오세요!!
용감한 건지 멍청한 건지…
재미는 있겠네..

단, 이것은 어디까지나 욕실이 제공하는 효과로, 욕실 밖으로 나오면 평소 노래 실력으로 돌아가버린다.

235

추울 때 소름이 돋는 이유는?

추운 날에는 왜 소름이 돋을까? 뇌 속 온열중추신경의 활동 때문이다.

사람의 몸은 추울 때 열 방출을 막기 위해 혈관이나 피부를 축소하고 표면적을 좁힌다. 이때 근육도 축소되고 체모 뿌리에 있는 피부도 당겨지며 누워 있던 체모가 일어선다. 공포나 추위 때문에 '털이 곤두선다'고 표현하는 것은 이런 현상을 가리킨다.

순간적으로 피부가 축소되며 당겨져 체모가 일어서면 모근 주변 피부가 부풀어 올라 작은 언덕처럼 도드라진다. 이것이 '소름 돋는' 상태다.

236

콧물은 어디에 고여 있을까?

감기에 걸리거나 꽃가루가 날리는 계절이 오면 콧물이 수도꼭지를 틀어놓은 것마냥 줄줄 흐른다. 그런데 그 많은 콧물이 우리 몸 어딘가에 저장되어 있는 것일까?

평소에 콧물 그 자체가 몸 안에 고여 있는 것은 아니다. 원래 콧구멍 표면 점막층에는 비선(鼻線)과 세포로부터 끊임없이 수분이 보급된다. 감기에 걸리면 이 부분에 면역글로불린이나 화학물질이 섞여 콧구멍으로 들어온 세균을 씻어내려 한다. 즉, 비선이나 세포에서 많은 수분이 분비되기 때문에 코를 아무리 풀어도 계속해서 콧물이 나오는 것이다.

같은 콧물이라도 농도가 짙고 색깔이 탁하며 끈적한 경우가 있는가 하면 물처럼 투명하고 묽은 경우가 있다. 그 이유는 염증 정도에 따라 수분 성분이 다르기 때문이다. 염증 정도가 낮으면 물처럼 묽지만 염증 정도가 심하면 세균과 싸운 백혈구 잔해가 증가해 짙은 고름 같은 상태가 된다.

청소대행서비스
마녀특급
복잡한 세상
시원하게 쓸어
드립니다!

6장
사통팔달
종횡무진
세상만사
통조림

237
'동양', '서양'에서 '양(洋)'은 무슨 의미일까?

우리는 일반적으로 '동양'을 아시아, '서양'을 유럽이라는 의미로 사용한다. 이 말은 13~14세기 중국에서 탄생했다.
당시 조선 기술이 발달하면서 중국인의 활동 범위가 크게 넓어졌다. 그래서 해역을 동과 서로 나누고 '큰 바다'를 의미하는 '양(洋)' 자를 붙여 각각 '동양', '서양'으로 불렀다. 구체적으로는 말레이반도와 수마트라섬 사이 말라카 해협을 경계선으로 삼아 동쪽을 '동양', 서쪽을 '서양'이라고 했다. 즉, 남중국해와 자바해 부근이 동양, 인도양 서쪽 해역이 서양이었다.

238
화이트하우스는 왜 하얀색으로 칠해져 있을까?

화이트하우스(백악관)는 대통령 관저이며 미국 정부의 대명사이기도 하다. 새하얀 외관 때문에 '화이트하우스'라는 이름이 붙었는데, 대통령 관저를 하얀색으로 칠한 데는 다음과 같은 사정이 있다.
대통령 관저가 워싱턴에 세워진 것은 1800년 제2대 대통령 존 애덤스 시절이었다. 하지만 그때는 하얀 건물이 아니었다. 그로부터 12년 후 영국과 미국 사이에 전쟁이 일어나 워싱턴은 한 때 영국군에게 점령되었으며 대통령 관저는 불타버렸다. 전쟁이 끝난 뒤 불탄 흔적을 감추기 위해 대통령 관저를 하얀색으로 칠했다. 이후에도 여러 번 증축과 개축을 했지만 하얀색 외관은 그대로 유지함으로써 '화이트하우스'라는 친숙한 이름을 갖게 되었다.
덧붙여 '화이트하우스'가 공식 명칭이 된 것은 1900년대 초 제26대 대통령 시어도어 루스벨트가 편지에서 그 이름을 처음 사용하면서부터다.

239

'서부 영화'의 서부는 지금의 어디일까?

요즘 '아메리카 서부'라고 하면 대체로 로키산맥 서쪽을 가리킨다. 하지만 옛날에는 이보다 훨씬 동쪽도 '아메리카 서부'였다.
미국 역사는 동쪽에서 서쪽으로의 개척 역사다. 그 때문에 개척이 아직 본격화되지 않았던 때에는 동해안을 제외한 모든 지역을 '서부'라고 했다.
그렇다면 서부극의 배경으로 등장하는 시대, 19세기 후반 '서부'는 어디일까?
미시시피강 서쪽 지역이다. 미시시피강은 아메리카 대륙 한가운데에서보다 동쪽에 있다. 보안관이나 여행자, 황야를 떠도는 총잡이가 등장하는 서부극의 무대는 사실 현재의 미국 서부가 아니라 대륙 한가운데쯤이었다.

240 뉴욕을 왜 '빅애플'이라고 부를까?

뉴욕은 '빅애플'이라는 이름으로 불린다. 이것은 속어가 아니라 뉴욕시도 인정하는 애칭이다. 그래서 거리에서는 사과 마크나 'BIG APPLE'이라는 문구를 흔히 볼 수 있다.

'빅애플'이라는 이름의 유래는 사실 분명하지 않다. 일설에 의하면 1930년대 중반 한 재즈 가수가 그런 이름을 붙였다고 한다. 그가 연주 여행을 끝내고 돌아오는 비행기에서 내려다보니 뉴욕이 마치 거대한 사과처럼 보였다고 한다. 그래서 '잘 익은 사과를 손에 움켜쥐듯 성공할 수 있는 기회가 많은 도시'라는 의미를 담아 '빅애플'이라고 부르기 시작했다는 것이다.

한편 1929년 대공황기에 일자리를 잃고 뉴욕 거리로 몰려 나와 사과를 파는 사람이

급증했기 때문에 사과가 뉴욕의 상징이 되었다는 설, 옛날 뉴욕 주 북부에 있던 경마장 이름에서 유래했다는 설 등도 전한다.

241

미 국방성 건물은 왜 오각형일까?

미 국방성을 위에서 내려다보면 그 모습이 오각형이다. 오각형을 의미하는 '펜타곤(pentagon)'으로 불리는 이유는 그 때문이다.

미 국방성이 이런 모양으로 지어진 이유는 확실하지 않은데, 악마를 피하기 위한 의미가 담겨 있다는 이야기가 전해오기도 한다. 예로부터 유럽이나 미국에서는 오각형에 신성한 힘이 깃들어 있다고 여겼다. 그래서 국방 요충지 건물을 오각형으로 만들었다는 것이다.

242

'하와이'는 어떤 의미일까?

하와이(Hawaii)는 폴리네시아어로 '신이 계시는 장소'라는 의미다. 폴리네시아인은 기후가 좋은 하와이야말로 신이 머물기에 적절한, 신에게 어울리는 장소라고 여겼다.

한데 유럽인이 현재 하와이 제도를 발견했을 당시에는 '샌드위치 제도'라고 불렀다. 흔히 '캡틴 쿡'으로 불리는 영국 탐험가 제임스 쿡이 당시 영국 해군총사령관 샌드위치 백작의 이름을 따서 붙인 이름이다. 샌드위치 백작은 빵에 이런저런 재료를 끼워 먹는 '샌드위치'를 고안한 사람이기도 하다.

243

미국인은 왜 홍차가 아닌 커피를 즐기게 되었을까?

미국은 원래 영국 식민지였다. 그런 만큼 영국에 대해서는 여전히 곱지 않은 감정을 지니고 있다.
그런 사실을 잘 나타내주는 것이 미국인의 커피 선호다. 미국인이 홍차보다 커피를 즐기는 이유는 식민지 시절의 후유증이라고도 할 수 있다.
1773년, 영국은 재정난에 빠져 있던 동인도회사를 구하기 위해 특별 면세 조치를 취했다. 동인도회사가 식민지에서 세금을 내지 않고 홍차를 판매해도 된다고 인정해준 것이다. 이에 분노한 미국은 항의의 표시로 동인도회사 선박을 습격하고 선적되어 있던 홍차를 모두 보스턴항 바닷물 속에 던져버렸다. 이른바 '보스턴 차 사건'이다.
이 사건을 계기로 미국인은 홍차를 증오의 대상으로 삼았고 커피를 선호하게 되었다. 종주국의 무리한 강요가 미국인의 커피 선호 현상으로 이어진 것이다.

244

미국 성조기는 누가 디자인했을까?

미국 국기 성조기(The Star-Spangled Banner)가 주(州)의 수 바탕으로 디자인되었다는 사실은 잘 알려져 있다. 붉은 줄과 하얀 줄 13개는 독립할 당시 주의 수, 왼쪽 위 푸른 바탕에 있는 하얀 별 50개는 현재 주의 수를 나타낸다. 그렇다면 주의 수를 국기 디자인으로 사용할 생각을 한 사람은 누구일까?

성조기는 1770년대에 재단사인 벳시 로스라는 여성이 고안한

내가 고안했지!
……
조지 워싱턴→

것으로 알려졌으며 1952년에는 그를 칭송하는 기념우표가 발행되기도 했다.

그런데 그가 성조기를 디자인했다는 구체적 증거는 없고 말년에 그가 직접 "내가 고안했다"고 말한 것이 유일한 근거이기 때문에 단순한 허풍일 가능성도 있다.

한편 초대 대통령 워싱턴이 성조기를 고안했다는 주장도 유력한 설에 속한다. 1776년 1월에 그가 줄무늬 13개와 영국의 유니언 잭을 조합한 깃발을 내걸었다는 점과 그의 가문 문장이 별이었다는 점 등이 이 주장을 뒷받침해주고 있다.

245

이슬람 국가 국기에 초승달 마크가 많은 이유는?

터키, 튀니지, 파키스탄, 알제리 등 이슬람 국가 국기에는 초승달과 별이 그려진 것이 많다.

이슬람 국가 국기는 13세기 말부터 20세기 초까지 중동 일대를 지배한 오스만제국 국기에서 유래했다. 오스만제국 국기는 붉은 바탕에 하얀색 초승달과 별을 그렸다. 오스만제국이 붕괴된 후 탄생한 국가들이 이와 비슷한 국기를 채택한 것이다.

오스만제국이 국기에 초승달과 별을 넣은 이유와 관련해 여러 설이 전한다.

1. 기원전 4세기, 비잔티움(현재의 이스탄불)이 마케도니아 왕 필리포스 2세의 공격을 받았을 때 달빛 덕분에 성이 함락되지 않았다는 고사에서 비롯했다는 설.
2. 오스만제국을 건국한 오스만 베이(Osman Bey)의 꿈에 초승달과 별이 나타나 제국 수립을 예언했다는 설.
3. 달의 여신 디아나와 성모 마리아의 상징 '베들레헴의 별'을 나타낸다는 설.

246
금주 국가에서는 어떤 접대를 받을까?

이슬람 국가 중에서도 사우디아라비아는 음주에 매우 엄격한 것으로 잘 알려져 있다. 설사 술을 파는 가게가 있다고 해도 이슬람교도가 아닌 사람이나 외국인만 술을 구입할 수 있고 술을 마시는 모습이 발각되면 공개 채찍형을 받기도 한다.

그런 나라에서는 융숭한 접대를 기대하지 않는 게 좋다. 사업상 필요에 의한 접대이므로 계율을 엄격하게 지키지 않을 것이라고 생각한다면 오산.

금주 국가에서는 접대 때도 건전한 음료가 나온다. 건배도 과일주스로 한다. 저녁식사에도 술은 전혀 나오지 않고 끝까지 주스나 탄산음료만 제공한다.

247

베일을 쓰는 이슬람 여성이 증명사진을 찍을 때는 어떻게 할까?

이슬람교 가르침을 엄격하게 지키는 국가에서 여성은 외출할 때 차도르(chador, 이슬람권 여성이 머리에 뒤집어쓰는 네보난 천)나 헤자브(hejāeb, 이슬람권 여성들이 입는 베일을 겸한 망토 모양 의복)로 피부와 머리카락을 감춘다.

하지만 이슬람 여성도 해외로 나갈 때는 다르다. 보수적인 사고방식을 고수하는 사람이 아닌 이상 차도르나 헤자브를 걸치지 않는다.

여권 사진도 베일 없이 찍어서 본인인지 아닌지 확인할 수 있다.

248 피라미드가 모래 속으로 가라앉지 않는 이유는?

이집트 피라미드는 현재 80개 정도가 발견되었다. 그중 가장 거대한 것이 고왕국 제4왕조의 제2대 파라오인 쿠푸왕의 피라미드다.

지금으로부터 4,500여 년 전에 지어진 쿠푸왕의 피라미드는 바닥 길이 230미터, 높이 144미터로 평균 2.5톤의 돌 230만 개를 210층으로 쌓아 올린 것이다. 사용된 돌의 개수로 그 중량을 계산해보면 575만 톤에 이른다. 사막에 이렇게 무거운 돌을 쌓아 올릴 수 있었던 것은 뛰어난 건축 기술 덕분이다.

피라미드를 만들려면 우선 지반을 단단하게 굳히는 일부터 해야 한다. 구릉지대에 암반이 단단한 토지를 찾아 수평이 될 때까지 깎아낸다. 그 다음 피라미드 주위에 수로를 만들어 수평 상태를 확인한다. 당시 기술이 얼마나 뛰어났는지 바닥면 네 변의 오차는 20센티미터밖에 안 된다.

길이 230미터에서 20센티미터 차이라면 거의 제로에 가깝다. 그런 건축 기술 성과에 힘입어 피라미드는 오랜 세월이 지난 지금까지도 그 모습을 유지하고 있다.

249
피라미드 모양의 의미는?

고대 이집트에서는 거대한 피라미드를 만들어 그 안에 왕의 시체를 안치했다. 피라미드가 사각뿔 모양인 이유는 당시 이집트인의 태양 숭배와 관련 있다. 고대 이집트인은 '왕은 태양의 아들'이며 죽으면 태양으로 돌아가 태양신의 가호를 받는다고 여겼다.

사각뿔은 태양과 밀접하게 관련 있는데, 사각뿔에는 대지와 태양을 연결하는 힘이 있고 세상을 뜬 왕은 사각뿔 모양 무덤 안에서 신이 준비한 사다리를 타고 하늘로 올라간다고 믿었다.

그래서 피라미드가 사각뿔 모양이 되었으며 원래는 바닥이 직사각형이었다가 정사각형으로 바뀌면서 정사각뿔로 변했다. 각각의 모서리는 동서남북을 향하는데 이는 사방의 신들로부터 차별 없이 가호를 받는다는 의미다.

250
사막 한가운데를 흐르는 나일강 물은 어디에서 오는 것일까?

이집트인에게 나일강은 그야말로 생명의 젖줄 같은 존재다. 이집트는 국토의 96퍼센트가 사막이지만 풍부한 수량의 나일강이 대지를 적시며 흘러가는 덕분에 이집트인은 생명을 유지하며 살아가는 것은 물론 찬란한 초기 문명을 싹틔울 수 있었다.
나일강 물은 이집트에서 훨씬 남쪽으로 내려간 적도 근처에서 흘러온다. 빅토리아호수 주변에서 우간다, 케냐, 에티오피아, 수단 등을 거쳐 이집트로 흘러오는 것이다.
적도 주변은 열대우림기후로 연간 강우량이 매우 많다. 그리고 여름부터 가을에 걸쳐서 에티오피아 고원의 눈 녹은 물이 가담한다. 그것이 나일강의 풍부한 물의 근원이 되어 멀리 이집트까지 흘러 들어온다.

251 중국에서는 왜 작은 발이 미녀의 조건이었을까?

일찍이 중국에서 유행한 전족(纏足)은 여자 아이가 네다섯 살 때부터 긴 천으로 발을 강하게 감아 조여서 발의 성장을 강제로 멈추게 하는 방법이다.
당시 중국 상류층에서는 발이 작은 여

아으흑
남자들도 똑같은 고통을 맛봐야지 정신을 차리지!
꽈악

성을 미녀로 여겼다. 그래서 성인이 되어도 발의 크기가 10센티미터 정도밖에 되지 않는 여성이 많았다.

전족 여성이 인기를 얻은 이유는 '여성은 발이 작을수록 성기 모양이 좋다'는 미신 때문이었다. 어릴 때부터 작은 발로 걸어 다니면 허벅지와 엉덩이의 근육이 단련되어 질의 신축성이 좋아진다고 믿었던 것이다.

성에 대한 인간의 탐욕이 만들어낸 기묘하고도 슬픈 풍습이다.

252 옛날에 중국에서 유럽까지 어떻게 도자기를 무사히 운반할 수 있었을까?

도자기를 구입해 택배로 받았더니 깨져 있었다……. 얼마든지 일어날 수 있는 일이다. 운송기술이 발전한 오늘날에도 이러니 옛날에 도자기 운반은 엄청나게 힘든 일이었을 거라고 상상할 수 있다.

그러나 과거 중국에서 유럽으로 운반하는 도자기는 거의 깨지지 않았다고 한다. 당시 운송 수단은 낙타였는데 중국인은 도자기를 낙타 등에 실을 때 지혜를 발휘했다.

먼저 도자기를 겹쳐 쌓고 점토를 빈틈없이 채운다. 그리고 겹쳐 쌓은 도자기 전체를 점토로 덮어 공 모양으로 굳힌다. 이것을 말린 뒤 바깥쪽을 짚으로 싸면 점토와 짚이 쿠션 역할을 하기 때문에 설사 낙타 등에서 떨어져도 도자기는 깨지지 않는다.

유럽에 도착하면 겉에 싼 짚을 벗겨내고 점토 덩어리를 물속에 담근다. 점토가 물을 먹어서 부드럽게 뭉개지면 간단히 도자기를 건져낼 수 있다.
그러나 이 방법은 점토까지 운반하는 꼴이었기 때문에 도자기를 많이 싣고 갈 수 없었다. 그 덕분에 더욱더 희소가치를 얻은 중국 도자기는 유럽에서 보물처럼 여겨졌다.

253

중국은 땅이 넓은데도 왜 시차가 없을까?

미국 서해안에서 동해안으로 이동하면 도중에 몇 번이나 시계를 다시 맞추어야 한다. 동서 길이가 긴 미국 땅 안에서 시차가 있기 때문이다. 경도 15도마다 한 시간 정도 차이가 나는데 미국뿐 아니라 러시아나 오스트레일리아 등 동서 길이가 긴 국가에는 대부분 시차가 있다.
하지만 중국은 시차를 설정하지 않는다. 동부에 위치한 베이징의 아침 7시는 서쪽 우르무치에서도 아침 7시다. 그리고 중국 표준시는 동쪽 연안부 시간을 기준으로 하기 때문에 오전 7시에 베이징에서는 아침 해가 떠오르지만 우르무치는 아직 한밤중이다.
중국 정부는 왜 시차를 설정하지 않았을까? 그 이유는 중국 인구 대부분이 동부에 집중되어 있기 때문이다.

254
홍콩을 왜 '향기 나는 항구'라고 부를까?

홍콩은 쇼핑 천국, 맛의 천국이라는 이미지가 강하다. 그런 홍콩을 쇼핑도 음식도 아닌 '향기 나는 항구(香港)'라고 부르는 이유로 두 가지 설이 유력하다.
우선, 중국이 향료를 수입할 때 홍콩이 창구 역할을 했기 때문이라는 설이다. 홍콩은 중국이 남쪽으로부터 백단향(白檀香), 침향(沈香) 같은 향기 나는 나무를 들여오던 무역항이었다.
또 하나는 해적 이름에 유래했다는 설이다. 옛날에 임봉(林鳳)이라는 해적이 홍콩을 거점으로 활동하고 있었다. 그래서 처음에는 그의 이름을 따서 '봉항(鳳港, 중국어 발음은 '홍콩')'이라고 불렀다. 그런데 세월이 흐르면서 음은 그대로 남고 한자가 香港으로 바뀌었다고 한다.

255
기니와 파푸아뉴기니는 어떤 관계일까?

아프리카에는 기니가 있고 오스트레일리아 북쪽에는 파푸아뉴기니가 있다. 서로 멀리 떨어져 있으나 둘 다 '기니'라는 말이 붙는다. 여기에 어떤 관계가 있을까?
옛날에 스페인인이 지금의 뉴기니섬

을 방문했을 때 섬사람들이 아프리카 기니 사람들과 비슷하다고 생각했다. 그래서 이 섬을 '뉴기니'라고 명명했다.
한편 '파푸아'는 말레이어로 '곱슬머리'를 의미한다. 이곳에 살고 있는 사람들이 곱슬머리인 것을 보고 포르투갈인이 '파푸아'라는 이름을 붙였다.
오스트레일리아의 신탁 통치를 받다 1975년 자치정부를 수립할 때 이 두 이름을 연결해 '파푸아뉴기니'라고 했다.

256 12월이 한여름인 남반구에서 산타클로스는 두꺼운 옷을 입을까?

산타클로스 복장은 두꺼운 새빨간 코트. 물론 이것은 산타클로스가 등장하는 크리스마스가 북반구에서는 겨울에 해당하기 때문이다. 계절이 반대인 남반구의 산타클로스는 어떤 옷을 입을까?
남반구에서도 산타클로스는 같은 옷을 입는다. 남반구의 브라질, 오스트레일리아 같은 그리스도교 국가에서 크리스마스는 역시 가장 큰 이벤트다. 크리스마스가 다가오면 쇼윈도에는 새빨간 코트를 입은 산타클로스 인형이 해수욕 용품과 함께 진열된다.
덧붙여 크리스마스트리에는 눈도 장식된다. 물론 솜으로 만든 가짜 눈이다.

257
크리스마스트리는 왜 끝이 뾰족할까?

나무에 불을 밝혀 크리스마스를 축하하기 시작한 것은 16세기 종교개혁의 선봉장 마르틴 루터 때부터였다고 전해진다.

당시 루터 일행이 크리스마스트리로 전나무를 선택한 이유는 추운 겨울에 가장 녹색이 짙은 침엽수였기 때문인데, 그보다 더 중요한 이유도 있었다. 바로 전나무 모양이 교회 첨탑과 비슷했기 때문이다. 크리스마스트리의 모델은 교회인 것이다. 따라서 장사에 이용하거나 너무 어지럽게 장식하는 것은 본래 취지에서 벗어난 행동이다.

258
나치 마크와 사찰 기호가 닮은 이유는?

불교나 사찰의 표지로 사용하는 범어(梵語)의 만(卍) 자를 거꾸로 하면 나치 표식인 하켄크로이츠(Hakenkreuz, 갈고리십자가)가 된다. 하지만 사찰과 나치는 아무런 관계도 없다.

卍은 전 세계에서 흔히 볼 수 있는 기호로 예로부터 태양빛을 상징했다. 기원전 4000년 무렵 메소포타미아 도기(陶器)에도 그려져 있는 문양이다. 이 상징을 받아

하일 히틀러!
신나치주의자 (스킨헤드족)
?
똑똑똑

들인 아리아인의 이주와 함께 스칸디나비아반도에서 인도 근처까지 널리 퍼졌다.

한편 나치는 독일인의 우월성을 강조하기 위해 자신들의 위대한 조상 아리아인이 승리를 기원하며 사용한 기호(卍)를 채택한 것이다.

259

남유럽에는 왜 벽이 하얀 집이 많을까?

같은 유럽이라도 나라에 따라 음식이나 패션 등이 전혀 다르다. 집 벽의 색깔에도 문화와 센스 차이가 나타난다. 스위스나 오스트리아 같은 산악지대 국가에서는 옅은 핑크색이나 하늘색, 연두색 등 파스텔 톤 색깔을 많이 사

와아!
그리스 섬에서...

용한다. 산악지대는 햇살이 비치는 시간이 적고 햇살도 약하기 때문에 약한 빛도 밝게 비추는 파스텔 톤 벽을 선호하는 것이다.

한편 강렬한 햇살이 내리쬐는 남유럽에서는 햇살만큼이나 강한 원색 계통을 선호한다. 이탈리아, 그리스, 스페인, 포르투갈 등에서는 벽을 두툼하게 하고 주로 흰색으로 칠해서 햇빛을 반사하고 지중해의 뜨거운 열기를 차단한다. 여기에 파란색, 짙은 노란색, 녹색 등을 더해 짙푸른 지중해의 바닷빛과 어우러지는 경쾌한 분위기를 만들어낸다.

남유럽 도시의 거리를 걸어보면 화려한 느낌이 든다. 그것은 강렬한 태양빛을 마음껏 살린 벽의 선명한 색깔 때문이라고 할 수 있다.

260 라이트 형제 중 먼저 하늘을 난 사람은 형일까 동생일까?

인류 역사상 처음으로 비행기를 타고 하늘을 날았던 사람은 미국의 라이트 형제. 윌버와 오빌 형제가 처음으로 비행에 성공한 것은 1903년 12월이다.
그런데 이때 두 사람이 함께 비행기를 탄 것은 아니다. 그들이 만든 비행기는 1인승이었으니까 당연히 한 사람이 먼저 날았다. 그렇다면 형제 중 어느 쪽이 먼저 하늘을 날았을까?
동생 오빌이다. 오빌은 형 윌버보다 더 모험심이 강했다. 그런 동생에게 형은 첫 비행을 양보한 듯하다. 엄밀하게 말한다면 세계 최초로 하늘을 난 것은 라이트 '형제'가 아니라 오빌 라이트다.
물론, 두 사람이 여러 번 실패를 맛본 뒤 역사상 최초의 비행기가 탄생했다는 것은 틀림없는 사실이다. 그런 그들 입장에서 어느 쪽이 먼저 하늘을 날았는가는 문제가 되지 않았다.

261 스위스가 시계왕국이 된 이유는?

스위스는 시계산업이 발전한 것으로 유명하다. 스위스는 공기와 물이 깨끗해서 정밀기계를 세조하는 데 적합한 조건을 갖추었지만 국토가 좁고 산이 많다. 이런 스위스에서 특히 시계산업이 발달할 수 있었던 이유는 무엇일까?

그 원인을 제공한 것은 종교개혁가 마르틴 루터다. 16세기 유럽은 종교개혁의 시대였다. 가톨릭 국가 프랑스 정부가 신교도를 가혹하게 탄압하자 많은 신교도가 스위스로 도망을 쳤다. 그렇게 스위스로 이주한 신교도 가운데 시계 기술자가 많았고 그들이 스위스 시계산업의 기초를 구축한 덕분에 스위스는 시계왕국이 되었다.

262 항아리나 냄비가 없던 시대에는 어떻게 물을 끓였을까?

토기는커녕 석기도 없던 원시시대에는 요리는 물론이고 물조차 끓일 수 없었을 것이라고 생각하기 쉽다. 하지만 원시인은 물을 끓여 요리를 만들었다.

방식은 다음과 같다. 모닥불 안에 돌을 넣어 새빨갛게 달아오를 때까지 굽는다. 그런 다음 땅을 파고 안에 물을 부은 후 뜨거운 돌을 던져 넣으면 물이 즉시 끓어오른다. 그렇게 끓어오른 물에 음식 재료를 넣어 익히면 멋진 요리가 완성된다.

남태평양이나 파푸아뉴기니에는 지금도 특별한 도구를 사용하지 않고 이런 방식으로 요리하는 부족이 있다. 감자나 고기를 나뭇잎으로 싸서 땅속에 넣고 그 위에 달군 돌을 얹은 다음 다른 잎을 뚜껑처럼 덮는다. 잠시 지나면 멋진 요리가 완성된다. 우리의 조상도 요리 도구가 없던 시대에는 그런 식으로 요리를 해 먹었을지 모른다.

263

신혼여행을 왜 '허니문'이라고 부를까?

신혼여행을 '허니문'이라고 부른다. 영어 honeymoon을 우리말로 옮기면 '밀월(蜜月)'이다. 이 말은 바이킹의 고향 스칸디나비아 지방에서 왔다.

옛날에 바이킹은 결혼을 하면 아이를 가지기 위해 꼬박 한 달 동안 벌꿀 술을 마셨다. 벌꿀 술이 정력에 좋다는 이유에서였다. 이러한 전통에서 나온 말이 허니문, 한 달 동안 벌꿀 술을 마시며 아이를 만드는 기간이라는 의미다.

스태미나는 커녕
취해서 잠만 자요!
아 글쎄 하늘을 봐야
별을 따죠!!
벌꿀술

264

'배수의 진'은 얼마나 효과적일까?

'배수의 진'이라는 말은 적에게 몰린 상태에서 큰 승리를 거둔 고사에서 나온 말이다.

중국 한(漢)나라 시대, 유방(劉邦)을 받들던 명장 한신(韓信)은 조(趙)나라에 싸움을 걸었다. 그때 조나라 병력은 약 20만 명. 그에 비해 한신이 이끄는 군대는 병력이 겨우 1만 명에 불과했다. 정상적으로 싸워서는 이길 가능성이 없었다. 그래서 한신은 기병 2,000명을 선발해 붉은 깃발을 나누어주었다. 그러고는 조나라 군대의 성채 근처 산등성이로 보내 매복시키면서 이렇게 말했다.

"내일 싸움에서 우리 본진은 일부러 패한 척 도망을 간다. 적은 성채 문을 열고 추격해 올 것이다. 기병은 그 틈을 노려 성채를 습격하고 한나라의 붉은 깃발을 올려라."

한신 자신은 나머지 8,000명의 본진을 이끌고 강을 등지고 진을 쳤다. 이것이 '배수의 진'이다.

다음 날 한신은 작전대로 조나라 군과 맞서 싸우다 기회를 보아 패한 척 도망을 쳤다. 추격해 오는 조나라 군대와 강 앞에서 격렬한 전투가 벌어졌다. 강을 등져서 더는 물러날 곳이 없는 한신의 군대는 필사적으로 싸웠다. 그런데 그때 성채에 한나라의 붉은 깃발이 펄럭이기 시작했다. 기병대가 성채로 들어간 것이다. 그 순간 조나라 군대는 혼란에 빠졌고 앞뒤에서 공격당해 궤멸되었다.

병법에는 "산을 등지고 물을 앞둔 상태로 싸워라"라는 말이 있다. 이 가르침과는 정반대로 물을 등지고 싸우면서 아군의 전투 의욕을 높이고 적군을 방심하게 한 데에서 나온 고사성어가 '배수의 진'이다.

265 귀고리를 하게 된 계기는?

귀고리는 구석기시대부터 존재했다. 오래전 사람들은 귓불에 구멍을 뚫고 동물 뼈나 돌 장식품을 매달았다.

유럽에서는 중세를 지나 르네상스시대에 귀고리가 크게 유행했다. 당시에는 멋을 내기 위해 귀에 구멍을 뚫은 것이 아니었다. 도난을 방지하기 위해서였다.

그 시절 귀족은 부와 권력을 과시하기 위해 보석을 귀에 매달았다. 하지만 단순히 보석을 귀에 매다는 것만으로는 마음이 놓이지 않았다. 그래서 귀에 구멍을 뚫고 고정시켜 도난을 방지하려 했다.

따라서 그 시절에는 여성은 물론 남성도 귀에 구멍을 뚫었다. 셰익스피어 원본 삽화에 등장하는 인물은 성별과 관계없이 모두 귀고리를 하고 있다.

266
영국 국기 유니언 잭에서 '잭'은 누구일까?

영국 국기를 '유니언 잭(Union Jack)'이라고 부른다. '유니언'은 '연합'과 '합병'을 의미하고 '잭'은 사람 이름이 아니라 배에 내걸어 국적을 알리는 '뱃머리 깃발'을 의미한다. 이 둘이 연결되어 국기 이름이 된 데는 영국이라는 국가의 성립과 관계 있다.

영국은 그레이트브리튼섬에 있던 여러 국가가 합병해 성립되었다. 국기 디자인에는 그 과정이 반영되어 있다. 푸른색 바탕에 흰색과 붉은색 ✱ 모양 줄무늬가 들어간 영국 국기는 잉글랜드, 스코틀랜드, 아일랜드 국기를 조합한 것이다.

세 나라의 기는 그리스도교의 기원을 둔 십자가를 기본으로 하며 대략 중세 십자군 원정 때부터 사용되었다고 전한다. 또한 각각의 기는 각 나라의 수호성인을 기리는 상징이다. 잉글랜드는 수호성인 성 게오르기우스를 기념하는 하얀 바탕에 붉은 +, 스코틀랜드는 수호성인 성 안드레아를 기념하는 푸른 바탕에 흰색 ×, 아일랜드는 수호성인 성 파트리치오를 기념하는 흰 바탕에 붉은 ×. 이들을 합치면 지금의 영국 국기가 된다. 각 국기가 탄생한 시대에는 배에 내건 깃발이 그 나라를 상징했다. 영국 국기를 '잭(뱃머리의 깃발)'으로 부른 것은 그 때문이다. 역시 일찍이 바다를 제패한 해양 국가다운 호칭이다.

267 비밀결사 프리메이슨의 기원은?

비밀결사 프리메이슨(Freemason)은 원래 중세 유럽의 석공 기술자 조합인 길드였다. 석공들은 고도의 기술을 제자에게 계승하고 동료끼리 연대를 강화하기 위해 같은 업종에 종사하는 사람들을 위한 조합을 만들고 '프리메이슨'이라는 이름을 붙였다. 프리메이슨은 '자유로운 석공'이라는 뜻이다.

하지만 16세기 말 유럽이 동란기에 접어들면서 석조 건축 수요가 급격히 줄어 프리메이슨은 석공 회원만으로는 조직을 유지할 수 없는 상태에 놓였다. 그래서 다른 직업에 종사하는 사람들도 길드 회원으로 받아들였고, 이 비율이 증가함에 따라 조합은 석조 건축업에서 나아가 사회 활동에도 참여하게 되었다.

1717년, 영국 각지에 있던 프리메이슨 지부 회원들이 런던에서 '영국 중앙 본부'를 결성했다. 우애, 사교, 평등, 평화를 촉진하는 결사조직으로 새롭게 태어난 것이다. 이것이 현재의 프리메이슨이다.

한편 남성만 회원으로 받아온 프리메이슨 전통에서 탈피하는 움직임이 최근 시작되어, 2018년 프리메이슨 영국 중앙 본부는 성전환자에게도 프리메이슨 입단 기회를 제공하기로 했다고 밝혔다.

268

백년전쟁은 실제로 100년 동안 내내 싸웠을까?

영국과 프랑스는 14세기에서 15세기에 걸쳐 '백년전쟁'이라고 불리는 전쟁을 치렀다. 프랑스 왕위 계승 문제를 둘러싸고 벌어진 백년전쟁은 1337년 영국군의 프랑스 침입으로 시작되었다. 오래도록 이어진 전쟁 기간 동안 페스트 창궐, 농민 반란 등까지 겹쳐 궁지에 몰린 프랑스를 오를레앙 소녀 잔다르크가 구한 것으로도 유명한 전쟁이다. 결국 프랑스의 승리로 기나긴 전쟁은 막을 내렸다.

그런데 실제로 이 전쟁은 몇 년이나 걸렸을까? 백년전쟁은 1330년대 말에 시작해 1453년에 끝났다. 단순 계산해보면 120년 가까이 싸운 것인데, 120년 동안 내내 싸운 것은 아니고 그 사이 몇 번인가 휴전이 있었다. 길게는 20년 동안 전투가 벌어지지 않기도 했다.

당시에는 국가라고 해도 사실상 봉건귀족 연합체였다. 그래서 국가 간 격돌이기보다는 소규모 전투가 곳곳에서 이어진 상황이었다. 또 당시 기사는 연간 40일만 종군했기 때문에 대규모 작전을 장기간에 걸쳐 펼칠 수 없었다. 성을 포위했다가 즉시 함락시키지 못하면 다시 포위를 풀고 사실상 '휴전' 상태에 들어갔던 것이다. 그렇기 때문에 백년전쟁이라고 해도 실제로 전투가 벌어졌던 기간은 매우 짧다.

269

역사상 가장 강한 격추왕은?

전투기 352대 격추 기록을 보유한 사람은 독일의 에리히 하르트만이다. 제2차 세계대전 중에 주로 소련 전투기를 상대로 싸워 소련군은 그를 '우크라이나의 검은 악마'라고 불렀다.

하르트만은 1942년 10월 독일과 소련의 전투가 한창일 때 카프카스에 부임한 즉시 승전을 기록했다. 그리고 이듬해 7월에 41기, 8월에 49기를 격추시키는 기록을 잇달아 달성했다.

어머니가 조종사였던 하르트만은 어린 시절부터 하늘을 동경해 14세에 글라이더 면허를 땄다. 어려서부터 이미 조종에 익숙했으며 뛰어난 테크닉을 갖추고 있었던 것이다. 또 소련 쪽에 불시착해서 포로가 되었지만 몇 시간 뒤 탈출에 성공하는 행운도 경험했다.

전쟁이 끝난 후 1955년까지 소련에 억류되었다가 새로 설립된 독일 공군의 간부로 활약했다.

나랑
붙어볼 사람?

270
가장 넓은 땅을 정복한 영웅은?

세계 최대 면적을 정복한 인물은 칭기즈칸이다.

중국 만리장성에서 알타이 산맥에 이르기까지 유라시아 대륙 대부분을 정복해 대몽골제국을 일으켰다. 이 기록은 소련 공산당도 깨지 못했다.

2위는 알렉산드로스 대왕. 기원전 336년에 마케도니아의 국왕으로 즉위해 페르시아를 멸망시키고 그리스, 오리엔트 세계를 손에 넣은 뒤 인도까지 진출했다. 그러나 개선하여 돌아오자마자 갑자기 사망하면서 그 거대한 제국은 즉시 붕괴되었다.

나폴레옹이나 히틀러조차도 이 두 사람에게는 명함도 내밀지 못한다.

271
게르만 민족은 어떻게 로마군을 쓰러뜨릴 수 있었을까?

'게르만 민족의 대이동'은 유럽 중부에 있던 게르만 민족이 도나우강을 건너서 남하, 로마제국 영내로 침입해 게르만 국가를 건설한 역사적 대사건이다.

하지만 게르만인이 어느 날 갑자기 이동한 것은 아니다. 375년 이후 대이동이 게르만 국가를 건설하는 직접적인 계기가 되었지만 그 100년도 더 전부터 로마제국으로 이주하는 게르만인이 꽤 많았다.

당시 이주해온 게르만인은 로마 용병으로 고용되었다. 그래서 375년 대이동 때 로마로 침입한 게르만인은 로마군에 고용된 게르만인과 싸웠다. 동포를 상대로 싸우게 된 게르만인 용병들은 전투 의욕을 잃고 맥없이 쓰러져버렸다.

272

네안데르탈인은 왜 전멸했을까?

현생 인류가 유럽으로 건너간 것은 3만 5,000년쯤 전이다. 그 즈음 유럽 대륙에서 네안데르탈인 화석이 모습을 감춘다. 즉 그 전에 유럽에 살고 있던 네안데르탈인이 현생 인류 때문에 사라졌을 가능성이 높다.

현생 인류가 네안데르탈인을 상대로 승리를 거둘 수 있던 것은 강력한 무기 덕분이라고 추정된다. 돌을 갈아 만든 날카로운 무기로 네안데르탈인을 대량 학살했다는 것이다.

물론 이때 네안데르탈인이 전멸했는지는 분명하지 않다. 유전자 검사 기술이 진보해 새로운 사실이 밝혀졌기 때문이다. 현대인이 네안데르탈인의 유전자를 물려받았을 가능성도 있다고 한다. 따라서 네안데르탈인과 현생 인류가 공존했을 가능성도 배제할 수 없다.

273

바흐와 모차르트는 왜 가발을 썼을까?

바흐나 모차르트의 초상화를 보면서 왜 묘한 가발을 쓰고 있는지 이상하다는 생각을 해본 적이 있을 것이다.

한때 유럽에서는 귀족들이 가발을 쓰는 것이 관습이었다. 이러한 관습은 16세기 후반 영국 여왕 엘리자베스 1세가 두창에 걸린 것을 계기로 탄생했다. 두창은 천연두바이러스에 감염되어 특유의 발진이 나타나는 병이다. 병에 걸려 머리카락을 완전히 잃은 여왕은 이후 형형색색 가발을 애용하게 되었고 그것이 귀족 전체에 퍼져 나갔다.

한편 프랑스에서는 머리가 벗겨지기 시작한 루이 13세가 가발을 쓰면서부터 가발이 유행했다. 그러나 프랑스 혁명으로 귀족이 몰락하면서 가발을 쓰는 관습도 자취를 감추었다.

274

실크로드를 동쪽과 서쪽 중 어느 쪽에서 만들었을까?

실크로드는 먼 옛날 유라시아 대륙의 동쪽과 서쪽을 연결해 물건을 사고 팔던 상인들의 길이다. 동쪽으로는 중국, 서쪽으로는 로마제국이 있고 중앙아시아가 그 길 위에 있었다. 중국 명산 비단이 서쪽으로 운반되었기 때문에

표가 나나…
무식한 녀석이 트렌드를 이해할 리가 있나!
사실은 대머리인 거죠?

'실크로드(비단 길)'라는 이름이 붙여졌다.
이 길은 누군가가 갑자기 도로공사를 해서 만든 것이 아니라 몇 세기에 걸쳐 서쪽에서 동쪽으로 서서히 뻗어나가면서 자연스럽게 만들어졌다.
실크로드를 만든 사람은 중앙아시아 소그디아나 지방 상인들이다. 그들은 자기들이 세운 사마르칸트, 부하라 같은 도시를 근거지로 삼아 서쪽에서 동쪽으로 길을 이어나갔다.
동쪽 종착점인 중국이 실크로드의 존재를 안 것은 전한(前漢) 시대. 전한 무제(武帝)가 장건(張騫)을 서쪽으로 파견함으로써 이 길의 존재를 알게 되었다. 그 후 실크로드를 거쳐 중국과 유럽의 다양한 물품이 오가게 되었다.

275 스파르타 군대가 강했던 이유는?

'스파르타식 교육'은 엄격한 교육 방법을 가리킨다. 고대 그리스 군사국가 스파르타에서 탄생해 지금까지 전해지고 있는 말이다. 그런데 스파르타군이 강한 것은 교육 이전에 전체 사회 분위기와 관련 있다.
스파르타에서는 남편들이 아내를 우수한 전사에게 빌려주곤 했다. 강한 자손을 늘리기 위해서였다. 이는 스파르타의 법을 담당한 리쿠르고스(Lykurgos)가 만들어낸 것이다. 그는 "능력 없는 남자가 자신의 아내를 집에 가두어 두고 성적으로 독점하는 것 만큼 어리석은 행위는 없다"라고 생각했다.

276
고대 올림픽에서도 프로 선수가 출전할 수 있었을까?

'아마추어 제전'으로 불리는 근대 올림픽에는 프로 선수의 참가도 인정된다. 이를 비판하는 목소리도 있지만 어떤 의미에서 보면 프로 선수의 참가는 원점으로 돌아간 것이다.

고대 올림픽에는 프로 선수 참가를 당연시 여겼다. 각 도시국가를 대표하는 선수들의 승리는 각 도시국가의 명예이기도 했다. 그 때문에 승리한 사람에게는 상금 이외에 연금 지급과 세금 면제라는 특전이 주어졌다. 또 4년에 한 번씩 개최되는 올림픽 이외에 1년에 300회 정도 작은 대회가 개최되었고 거기에서 승리한 선수에게도 상금이 주어졌다.

따라서 당시 일류 선수들은 경기마다 찾아다니면서 참가했고 그 결과 보통 사람의 100배나 되는 수입을 올리는 선수도 있었다.

고대 올림픽은 상류층 프로들이 맹활약을 하는 무대였다. 덧붙여 부정행위도 횡행했다. 져주는 조건으로 상대 선수에게 뇌물을 주는가 하면 환각성분이 있는 버섯, 흰독말풀, 곰팡이가 핀 무화과를 먹은 도핑 기록도 전한다.

277

왜 전 세계에 흡혈귀 전설이 있을까?

흡혈귀 전설은 유럽뿐 아니라 전 세계에 남아 있다.
말레이시아의 페낭갈란(Penanggalan)은 평소에는 아름다운 여성이지만 생피를 먹고 싶으면 머리만 몸에서 떨어져 나와 하늘을 날아다닌다.
미국의 마니토(Manito)는 평소에는 인간이지만 사람을 습격할 때에는 검은 늑대로 변한다.
브라질의 로비소멤은 절세 미녀지만 보름달 밤에는 검은 늑대로 변해 사람을 습격하고 피를 빨아 먹는다.
왜 세계 각지에 이런 흡혈귀 전설이 남아 있을까? 과학 지식을

드라큘라는 또 안 나타나는 거야?
짱나! 걔 그냥 제명 시키자.
안돼, 그래도 그 친구가 제일 유명하잖아..
얼굴마담이 필요해~
세계흡혈귀협회
273차 총회
또 지각이군.

많이 습득하게 된 현대 사회에서 피는 인체를 구성하는 한 요소일 뿐이지만 19세기까지 피는 생명의 근원이며 피를 잃는다는 것은 죽음을 의미했다. 그래서 혈액은 영원한 생명을 약속하는 신비한 액체로서 신앙의 대상이 되었다. 그리고 피에 대한 그런 두려움과 동경이 생피를 빨아먹고 영원한 삶을 구가하는 흡혈귀 전설을 낳았다.

278

드라큘라의 모델이 된 사람은?

영화로 친숙한 드라큘라 백작은 실제 모델이 있다. 15세기 중반, 지금의 루마니아에 해당하는 왈라키아(Wallachia) 공국 군주 블라드 체페슈(Vlad Țepeș)가 바로 그다.

당시 유럽에서는 격렬한 전투가 되풀이되고 있었기 때문에 잔인한 국왕이나 장군이 많았다. 그중에서도 체페슈는 남달랐다. 그는 피를 보는 것을 좋아했다. 그래서 오스만제국을 상대로 승리를 거두었을 때는 오스만제국 병사 2만 명을 모두 꼬챙이에 꿰어 죽이고 그 사체로 성 주위를 장식했다.

민중은 그런 군주를 너무도 두려워했다. 늘 검은 망토로 몸을 감싸고 다닌 체페슈를 두고 민중은 "인간의 생피를 좋아하는 악마의 아들(드라큘라)"이라고 수군댔다.

19세기 아일랜드 출신 작가 브램 스토커가 헝가리에서 들은 체페슈 이야기를 토대로 소설 『드라큘라(Dracula)』(1897)를 펴냈다.

279 유럽에서는 왜 양파를 악마를 쫓는 데 사용할까?

고대 이집트인은 양파를 숭배해 신에게 양파를 바쳤다. 그 증거로 이집트 미라는 영원한 생명이 깃들기를 바라며 손에 양파를 쥐고 골반, 가슴, 귀, 눈 등에 양파를 놓아 두었다.

양파에 영적인 능력이 있다고 여겨진 이유는 규칙적으로 겹쳐진 단면 때문이라고 한다. 옛날에는 명계(지하), 인간계(지상), 천계(하늘)는 동심원처럼 정확한 질서를 바탕으로 이루어져 있다고 믿었다. 양파는 그런 세계관을 나타내는 상징으로 여겨졌다.

그리고 이 양파 숭배가 유럽으로 전해져 양파는 악마를 몰아내는 데 이용되었다. 오늘날까지 유럽에서는 양파가 악마를 쫓는 내용의 전설이 많이 전해지고 있는데, 대표적으로 이런 말들이 있다.

"마녀는 양파를 싫어한다."

"뱀은 양파를 싫어한다."

"양파를 방에 놓아두면 감기에 걸리지 않는다."

280

'현자의 돌'이란 대체 무엇일까?

해리 포터 시리즈로 유명해진 '현자의 돌(philosopher's stone)'.
현자의 돌은 중세 유럽의 연금술사 니콜라 플라멜이 만들었다고 전해진다. 1330년 무렵 프랑스에서 태어난 플라멜은 필경사이자 필사본 판매원이었으며 이십 대 후반부터 연금술에 몰두했다. 당시 연금술사들은 보통 금속을 금이나 은으로 바꾸려면 '현자의 돌'이 필요하다고 여겼다.
플라멜이 연금술 실험을 시작한 1357년 어느 날 밤, 천사가 꿈에 나타나 책 한 권을 내밀면서 다음과 같이 말했다.
"언젠가 너는 이 책에 씌어 있는 비밀을 발견하게 될 것이다."
며칠 후 한 남자가 플라멜에게 와서는 꿈에서 본 것과 똑같은 책을 내밀며 팔고 싶다고 했다.
그 후 21년 동안 플라멜은 책 내용을 해독하는 데 매달렸고 여행을 하던 중 만난 유대 밀교 학자에게서 '현자의 돌'을 만드는 비밀을 들었다.
플라멜은 유대 학자의 이야기를 토대로 1382년 1월 17일 월요일 정오 무렵 수은을 순은으로 바꾸었고 3개월 뒤에는 수은을 순금으로 바꾸는 데 성공했다고 한다. 이러한 플라멜의 이야기는 그가 죽고 200여 년 뒤부터 널리 알려졌다.

청소대행서비스
마녀특급
복잡한 세상 시원하게 쓸어 드립니다!

281
마녀는 왜 빗자루를 타고 다닐까?

마녀가 애용하는 이동 수단은 빗자루다. 마녀는 왜 빗자루를 타고 다닐까? 빗자루에 '악을 몰아낸다'는 의미가 있기 때문이다.
마녀사냥이 시작되기 전까지는 마녀의 이미지가 그렇게 나쁘지 않았다. 신비한 능력 덕분에 오히려 동경의 대상이 되었으며 마녀는 질병을 치료해주는 존재이기도 했다.
한편 빗자루에는 쓰레기와 함께 집 안의 나쁜 것을 쓸어내는 힘이 있다고 여겨졌다. 그래서 마녀와 빗자루는 사악한 것을 제거하는 존재로 함께 등장하게 되었다.

282
백마술과 흑마술의 차이는?

중세 로마 가톨릭교회에서는 마술을 '백마술'과 '흑마술' 두 종류로 구분했다.
백마술은 예수 그리스도의 이름으로 행하는 마술로 마력의 원천이 자연계에 있다고 여겼다. 천체, 광물, 동물, 식물 등 신이 만든 자연의 힘을 이용해 초자연 현상을 일으키는 것이 백마술이라는 것이다. 백마술에는 그리스도교를 부정하는 요소가 없기 때문에 교회는 그 존재를 묵인해주었다.
한편 흑마술은 귀신이나 악마 같은 사악한 존재의 힘을 빌려 행하는 마술이다. 교회 입장에서는 악마와 손을 잡는 흑마술을 실행하는 것을 신에 대한 가장 큰 배신행위로 여겼다.

283

마녀는 왜 대부분 노파일까?

동화에 등장하는 마녀는 대부분 노파다. 실제로 중세 유럽 마녀사냥에서 가장 먼저 마녀로 처형당한 이들이 노파였다.
여기에는 두 가지 이유가 있다. 우선, 마술에는 풍부한 경험과 지식이 필요하다. 독약을 만들 때도 다양한 약을 조합하려면 많은 것을 알고 있어야 했다. 그러니 오랜 세월 동안 경험을 쌓은 사람이 아니고서는 마술을 구사할 수 없다는 생각에서 마녀는 모두 노파라는 이미지가 퍼져 나갔다.
또 한 가지 이유가 있다. 당시에 남편을 먼저 저 세상으로 떠나보내고 혼자 사는 노파가 많았는데 의지할 곳 없는 이들 노파가 성가신 존재로 여겨져 나쁜 소문의 대상이 되곤 했다. 따라서 마녀사냥이 시작된 이후에는 조금이라도 이상한 행동을 하면 즉시 마녀로 몰아갔다.
또 노파 중에는 마을을 벗어나 인적 없는 산이나 숲속에서 생

허구한 날 늙고 약한 것들만 건드리네…
말 그대로 마녀사냥의 희생자라고.

활하는 사람이 더러 있었는데 사람들은 이들이 다른 이의 눈을 피해 사악한 의식을 치르기 위해 외따로 떨어져 생활한다고 여겼다.

이런 점들 때문에 마녀는 곧 노파라는 도식이 성립된 것이다.

284 환관은 거세를 당한 뒤 어떻게 소변을 보았을까?

옛날 중국 왕조의 환관은 남근이 완전히 제거되었다. 당시 행해진 조치라고는 남근을 잘라버린 뒤 가느다란 마개로 요도구를 막아 소변이 나오지 않도록 하는 것뿐이었다. 그대로 사흘 동안 먹지도 마시지도 않는 상태에서 누워만 지내며 소변은 보지 않는다. 그 사이 목숨을 잃는 사람도 있었지만 사흘 뒤 마개를 뽑았을 때 소변이 제대로 나오면 잘 된 것으로 여기는 게 일반적이었다.
그 때문에 처음에는 항상 소변이 흘러나오는 상태이며 이후 서서히 괄약근을 사용하게 되면서 소변이 새는 것을 참을 수 있었다고 한다. 또 젊은 시절에는 근력이 강한 만큼 서서 소변을 볼 수 있지만 30세가 지나면 방향을 제대로 잡을 수 없기 때문에 여성처럼 쪼그려 앉거나 갈대 줄기 같은 것을 요도구에 넣고 소변을 보기도 했다.

285

사람은 왜 박수를 치게 되었을까?

사람은 기분이 좋을 때, 감동했을 때, 또는 다른 사람을 환영할 때 박수를 친다. 그렇다면 '박수' 습관은 어디에서 생겨났을까?
박수는 기원전 5세기 고대 그리스의 연극에서부터 시작되었다고 본다. 원형극장에 모인 관객이 연극을 칭찬하는 의미에서 손뼉을 마주친 것이 이 습관의 시초다.
고대 그리스에서는 사람 몸에서 가장 높은 위치에 있는 기관을 손이라고 생각했다. 그래서 가장 높이 있는 손으로 소리를 냄으로써 상대를 칭찬하며 찬사를 보낸 것이다.

286

에베레스트의 높이가 변하는 이유는?

세계에서 가장 높은 산 에베레스트는 대륙이 이동함에 따라 지금도 조금씩 계속 높아지고 있다.

오랜 옛날, 섬이었던 인도아대륙(印度亞大陸, 인도 반도의 다른 이름. 대륙에 버금간다고 해서 이렇게 '인도아대륙'이라고 부른다)이 북상해 유라시아대륙과 부딪혔다. 그때 솟아오른 것이 히말라야산맥이고 에베레스트는 그 최고봉이다.

인도아대륙은 지금도 계속 북상하면서 히말라야산맥을 밀어올리고 있다. 즉, 에베레스트뿐 아니라 히말라야산맥 전체가 높아지고 있는데 그 높이는 1년에 몇 밀리미터 정도다.

한편 에베레스트는 북동쪽 방향으로 매년 6센티미터 정도씩 이동하고 있다는 사실도 밝혀졌다. 세계에서 가장 높은 산은 아직도 쉬지 않고 성장하고 있다.

7장
실속만점
가성비짱
생활상식
통조림

287 비행기 창문 모서리는 왜 둥글까?

비행기 창문은 무슨 일이 있어도 깨지지 않도록 고안되었다. 조금이라도 창문에 금이 가면 기내 공기가 외부로 빠져나가 대형사고로 이어질 수 있기 때문이다. 창문 모서리를 둥글게 처리한 것 역시 창문이 깨지는 것을 최대한 방지하기 위한 조치다. 모서리가 각이 져 있을 경우 충격을 받았을 때 모서리 한 점에 힘이 집중되어 깨지기 쉽다. 모서리가 둥글어야 힘이 분산될 수 있는 것이다.

한편 창문 소재는 유리가 아닌 아크릴수지나 폴리카보네이트수지를 이용한다. 이러한 소재는 충격으로 금이 가더라도 금이 확산되지 않아서 창문 깨짐을 막을 수 있다.

288 비행기 화장실에 안전벨트가 없는 이유는?

기내에서는 안전벨트 착용 표시등이 켜지면 화장실 출입이 금지된다. 화장실 내부는 좁은데다 튀어나온 부분이 많아서 기체가 갑자기 흔들렸을 때 부상당할 우려가 있기 때문이다. 그렇다면 기내 화장실에서도 안전벨트를 착용하는 것이 안전하지 않을까?

이에 대해 항공사는 화장실 안에서 안전벨트 착용 여부를 승무원이 확인할 수 없기 때문에 의미가 없다고 말한다. 안전벨트 착용 표시등이 켜지면 승무원이 일일이 좌석을 확인하고 다닌다. 비행기가 이착륙을 할 때 모든 승객이 안전벨트를 하지 않으면 기장은 이착륙 태세에 들어가지 않는다. 따라서 한 승객이 얼굴이 창백해져서 화장실로 급히 뛰어 들어간다면 그 승객이 무사히 볼일을 마칠 때까지 착륙하지 못한다.

289 조종사용 화장실은 어디에 있을까?

비행기 화장실에서 나왔을 때 조종사가 차례를 기다리고 있는 모습을 본 사람은 없을 것이다. 그렇다면 조종실 안에 조종사 전용 화장실이 있을까?

오늘따라 비행이 영 안 땡기네…
기장님! 얼른 끊고 나오세요!
저도 급해요..
땡땡이 치는 중

아니다. 조종실 공간은 매우 좁아서 화장실을 갖출 여유는 없다. 조종사도 승객과 같은 화장실을 사용한다. 그럼에도 조종사와 승객이 화장실 앞에서 마주치지 않는 것은 조종사

가 화장실에 아무도 없다는 사실을 확인한 뒤에 조종실을 나가기 때문이다.

조종실 안에 화장실 사용 표시등이 있다. 또 조종실 문에는 승객을 살펴볼 수 있는 작은 창문이 있다. 조종사는 이 두 가지를 확인한 다음 조종실에서 나와 화장실을 이용한다.

물론, 조종사가 자주 사용하는 화장실은 조종실 가까이에 있는 퍼스트클래스 화장실이다.

290
이어폰에는 왜 오른쪽과 왼쪽이 있을까?

소리를 스테레오로 녹음할 경우 소리의 방향이나 위치를 그대로 재현할 수 있다.

전철이 지나가는 소리를 예로 들어보자. 오른쪽에서 왼쪽으로 통과하는 전철 소리는 오른쪽 스피커에서 왼쪽 스피커로 소리가 이동하는 것처럼 들린다. 이런 특징이 소리의 입체감을 주어 폭넓은 음악을 재현한다. 단, 이것은 스피커가 두 개 이상일 때 가능하다. 그래서 이어폰이나 헤드폰도 오른쪽과 왼쪽을 구분해 좌우 스피커를 대신하는 것이다.

이어폰 양쪽이 같은 기능을 담당한다면 어떻게 될까? 스피커가 한 개밖에 없는 상태와 마찬가지이기 때문에 소리를 스테레오로 들을 수 없다.

291

전선은 왜 늘어져 있을까?

전선 재료로 사용되는 구리는 전기가 흐르기 쉽고 잡아당겨도 쉽게 끊어지지 않아 전선으로 가장 적합하다. 그러나 구리는 가격이 비싸다. 따라서 구리를 팽팽하게 잡아당겨 설치해야 비용을 절약할 수 있다고 생각하기 쉽다. 그런데 사실은 그 반대다.

전선을 늘어뜨리는 것이 팽팽하게 하는 것보다 비용이 덜 들어간다. 구리는 무겁기 때문에 수평으로 설치하려면 상당한 힘이 필요하며 전선을 지탱하는 전신주에도 강한 강도가 요구된다. 전신주의 강도를 높이는 데 들어가는 비용이 전선을 팽팽하게 잡아당기는 방법으로 절약할 수 있는 비용을 훨씬 넘어선다. 그래서 전신주의 강도를 높이지 않아도 되도록 일부러 전선을 늘어뜨려 설치하는 것이다.

한편, 외부에 노출된 전선은 강풍이나 눈비의 영향을 직접적으로 받는다. 그러한 경우를 고려해서도 탄력성을 주어 전선이 끊어지지 않도록 늘어뜨리는 방법으로 설치하는 쪽이 훨씬 유리하다.

강풍, 뇌우, 강설 등으로 인한 피해를 줄이고 도시 미관도 개선할 수 있도록 전신주에 얼키설키 뒤얽힌 전선을 지하 케이블로 대체하는 전선 지중화 작업이 전국적으로 진행되고 있다.

292

자전거 체인은 왜 오른쪽에만 있을까?

우측통행과 좌측통행은 국가에 따라 그 규칙이 다르다. 하지만 자전거 체인은 어디에서든 모두 오른쪽에 달려 있다. 그 이유는 무엇일까?

이것은 '나사' 방향과 관계가 있다. 자전거 체인은 페달의 힘을 바퀴에 전달하는 역할을 하며 바퀴에는 그 힘을 받기 위한 작은 기어가 달려 있다. 이때 바퀴의 기어는 시계방향으로 돌려서 죄는 오른쪽 나사로 고정되는데, 만일 기어가 시계 반대방향으로 돌아가면 나사가 풀리며 기어가 떨어져나가 사고로 이어질 수 있다. 따라서 기어는 나사를 죄는 시계방향으로 돌아가도록 바퀴 오른쪽에 부착되고 체인도 당연히 오른쪽에 설치되는 것이다.

293

청바지는 왜 파란색일까?

천막용 데님으로 작업용 바지를 만든 때는 독일에서 미국으로 건너와 직물 도매업을 운영하던 리바이 스트라우스가 재봉사 제이컵 데이비스를 만난 1870년 무렵이었다.

데님 바지는 착용감이 좋은 데다 튼튼해서 오래 입을 수 있었기

방울뱀은 파란색을 싫어해~
그건 취향에 따라 다르지~
딸랑딸랑

에 '리바이의 바지'는 좋은 평판을 얻어 나갔다. 이것이 바로 유명한 청바지 회사 '리바이스'의 시작이다.

그런데 이 데님 바지를 파란색으로 물들인 이유는 무엇일까? 파란색을 내는 염료는 '인디고블루'로, 이름에서 연상되듯 인도에서 기원한 염료다. 인디고블루는 쪽 잎을 발효시켜 만드는데 쪽 잎에는 해충을 막아주는 효과가 있다고 알려져 있다. 한편 방울뱀이 파란색을 싫어하기 때문에 파란색으로 염색하게 되었다는 속설도 있다.

294 고무풍선에 묻은 가루는 무엇일까?

새 고무풍선 표면에 흰 가루가 묻은 것을 본 적 있을 것이다. 고무풍선의 원료는 천연고

무나무에서 배어나는 라텍스다. 열에 약한 라텍스는 기온이 높아지면 끈끈해지면서 풍선 표면끼리 달라붙곤 한다. 이런 현상을 방지하기 위해 풍선 안쪽과 바깥쪽에 가루를 얇게 도포하는 것이다. 이때 입에 닿아도 안전하도록 전분가루 등을 주로 활용한다.

295
종이 우유갑이 뭉그러지지 않는 이유는?

우유는 흔히 플라스틱 병과 더불어 종이 팩에 담겨서 팔린다. 보통 종이는 액체와 접촉하면 즉시 뭉그러진다. 그런데 종이 우유갑은 왜 뭉그러지지 않을까?

종이 팩 안쪽에 얇은 폴리에틸렌 막을 둘렀기 때문이다. 이 막이 액체가 직접 종이에 닿지 않도록 막아준다. 이러한 방식을 '라미네이트 가공'이라고 하는데, 얇은 층을 여러 장 겹친다는 의미다. 우유갑뿐 아니라 주스나 술을 담는 종이 팩도 똑같은 가공법으로 만들어진다.

296
전자동세탁기는 세탁물의 양을 어떻게 감지할까?

전자동세탁기는 세탁물의 양을 스스로 판단해 세탁 시간을 자동으로 설정한다. 세탁기는 세탁물의 양을 어떻게 측정할까?

비밀은 바닥의 회전날개에 있다. 세탁기에 세탁물과 세제를 넣고 시작 버튼을 누르면 급수가 되기 전에 먼저 바닥의 회전날개가 슬슬 움직이기 시작한다. 이때 회전날개가 미묘한 저항을 감지하고 그 저항 정도에 따라 세탁물의 양을 측정한 후 세탁 시간을 결정하는 것이다.

297

선풍기 뒤쪽으로 바람이 나오지 않는 이유는?

언뜻 생각하기에 선풍기는 뒤쪽에서 빨아들인 바람을 앞으로 내보내는 것 같다. 하지만 실제 구조는 그렇지 않다.

벽에 붙여도 괜찮아요!

선풍기는 옆쪽에서 빨아들인 공기를 앞으로 내보낸다. 그렇기 때문에 선풍기 뒤쪽에는 공기의 흐름이 전혀 발생하지 않는다. 선풍기가 이런 식으로 설계된 이유는 선풍기를 벽 가까이 놓거나 벽이나 천장에 부착할 경우를 가정했기 때문이다. 벽 앞에 선풍기를 놓고 뒤쪽 공기를 빨아들이는 식이라면 벽의 방해를 받을 수밖에 없다. 따라서 옆쪽 공기를 빨아들이는 방식을 채택했으며, 이는 좁은 공간에서도 선풍기를 최대한 활용하고자 연구한 결과다.

298 수족관은 정전이 되면 어떻게 할까?

수족관 수조가 강이나 바다와 결정적으로 다른 점은 자연적인 순환이 이루어지지 않는다는 것이다. 자연계에서는 바다에서 증발한 물이 구름이 되어 비를 내린다. 땅속으로 스며든 비는 양분을 듬뿍 포함하고 강으로 흘러갔다가 다시 바다로 돌아간다. 이러한 순환 덕분에 바닷물은 정화되고 산소를 포함할 수 있다.

수족관 수조에는 이런 자연의 순환을 대신하는 두 종류 기계가 사용된다. 물속에 산소를 공급하는 '에어레이션'과 '여과순환시스템'이다. 정전이 되면 수족관의 이 두 기계는 당연히 멈추며 그 상황이 지속되면 물고기는 모두 죽을 것이다.

하지만 걱정하지 않아도 된다. 수족관에는 정전과 동시에 자가 발전장치가 자동으로 작동하는 시스템이 갖추어져 있다! 두 기계를 모두 움직이는 전력을 확보할 수 없을 때에는 에어레이션을 우선적으로 가동시킨다. 물속에 살고 있는 물고기도 산소가 없으면 살 수 없기 때문이다.

299 수족관에 있는 바위나 산호는 진짜일까?

아름다운 바위와 산호초 사이를 유유히 헤엄치는 물고기들. 진짜 바다처럼 재현된 수족관을 가만히 바라보다 보면 바닷속 세상으로 빨려드는 듯 황홀한 느낌이 든다.

하지만 그 안에는 가짜도 존재한다. 물고기는 모두 진짜지만 산호와 바위는 가짜인 경우가 많다. 산호는 바다 밑에서 오랜 세월에 걸쳐 만들어지는 귀중한 것이다. 그것을 수족관을 꾸미고자 파괴해서 가지고 올 수는 없는 일이다.

한편, 무거운 바위는 수족관 안에 옮겨놓으려 할 때 비용이 많이 들어서 가짜를 활용하곤 한다. 하지만 가짜 바위와 산호일지라도 무척 정교하게 만들어진다. 사육담당자가 세밀한 부분까지 관찰한 다음에 전문가에게 치밀하게 주문해서 만드는 것이기 때문이다. 물고기조차 눈치 채지 못하고 가짜 산호를 물어뜯는 경우가 있을 정도다.

오, 솔레미오~

300
이탈리아인의 패션은 왜 화려할까?

이탈리아인의 패션은 빨강, 주황, 노랑 등 따뜻한 색 계통의 화려한 색깔이 주를 이룬다. 이처럼 이탈리아인이 화려한 색깔을 좋아하는 이유는 그들의 시각과 관련 있다.

태양빛이 강렬하게 내리쬐는 지중해 연안에 사는 라틴계 사람들은 눈의 망막세포 가운데 색깔에 반응하는 세포가 매우 예민해서 빨강이나 노랑 등의 원색에 쉽게 영향 받는다. 그 때문에 이탈리아인은 빨강, 노랑 바탕에 녹색, 파랑 등의 보색을 조합해 전체적인 이미지를 표현하곤 한다.

301
서양 상복은 왜 검은색일까?

서양에서는 장례식 때 검은색 옷을 입는다. 예전에는 상을 당하면 검은 옷을 1년 동안 입고 지내기도 했다.

흔히 검은색은 슬픔을 상징한다고 여겨진다. 그런데 검은색 옷을 입는 관습에는 세상을 떠난 이를 애도하는 것과는 별도의 의미도 포함되어 있었다.

옛날 서양 사람들은 장례식을 치르는 동안 아직 완전히 떠나가지 않은 사자의 영혼이 함께한다고 생각했다. 따라서 검은색 옷

안 보일 거야... 안 보일 거야....
많이들 참석했고나..

을 입으면 사자의 영혼이 알아보지 못하지만 밝은 색 옷을 입으면 영혼의 눈에 띄어 영혼이 자신에게 들러붙는다며 두려워했다. 즉, 죽음을 슬퍼해서가 아니라 두려움 때문에 검은색 옷을 입은 것이다.

302

기차 레일을 어떻게 구부릴까?

기차 레일은 수백 톤에 이르는 기차 중량을 지탱해야 할 뿐 아니라 바퀴 접촉에 의한 마모도 견뎌내야 한다. 그 때문에 금속 내부까지 경도를 높인 재질이 사용된다. 이처럼 금속이 단단하면 단단할수록 휘거나 구부려 원하는 모양으로 만들기 어려울 텐데 곡선 구간 레일을 어떻게 구부릴까?
이는 의외로 간단하다. 완만하게 구부리는 것은 사람 손으로도 쉽게 할 수 있으며, 약간 더 휘게 할 때에는 유압기계를 이용하면 간단히 해결된다. 사실 그 비밀은 기차가 자동차처럼 급격한 곡선 구간을 달리지 않는 데 있다. 기차 노선은 완만한 커브를 그리기 때문에 레일 하나만 따로 떼놓고 보면 불과 몇 밀리미터 정도만 휘어질 뿐이다.

303
시각장애인 유도블록이 두 종류인 이유는?

시각장애인이 길을 걸을 때 길안내 역할을 하는 것이 보도 표면에 돌기를 양각한 노란색 블록이다. 이 시각장애인 유도블록에는 두 종류가 있다. 하나는 둥근 돌기가 가득 차 있는 점 모양 블록, 또 하나는 두 평행선 모양 돌기가 있는 선 모양 블록이다. 이 두 블록이 다른 형태인 것은 각각 의미하는 바가 다르기 때문이다.
점 모양 블록은 위치표시용블록 또는 점자유도블록이라고 하는데, 보행 분기점, 대기점, 시발점, 종료 지점 등 위치를 표시하며 위험한 장소를 알리기도 한다. 선 모양 블록은 방향표시용블록

또는 선유도블록이라고 하는데, 정확한 방향을 알려주는 역할을 한다.

304 제트코스터가 오르막을 올라갈 때 덜거덕덜거덕 하는 이유는?

제트코스터가 오르막을 올라갈 때 덜거덕대는 기분 나쁜 소리가 울려 퍼진다. 마치 곧 이어질 급강하를 앞두고 공포감을 조성하기 위해 연출되는 소리처럼 들린다. 그러나 이는 사실 '역주행 방지장치'가 작동되는 소리다.

제트코스터는 급경사를 올라가기 때문에 만일 뒤로 미끄러지면 큰 사고가 일어난다. 그래서 레일 사이에 역주행 방지장치가 갖추어져 있다. 제트코스터가 전진하면 울퉁불퉁한 돌기가 하나

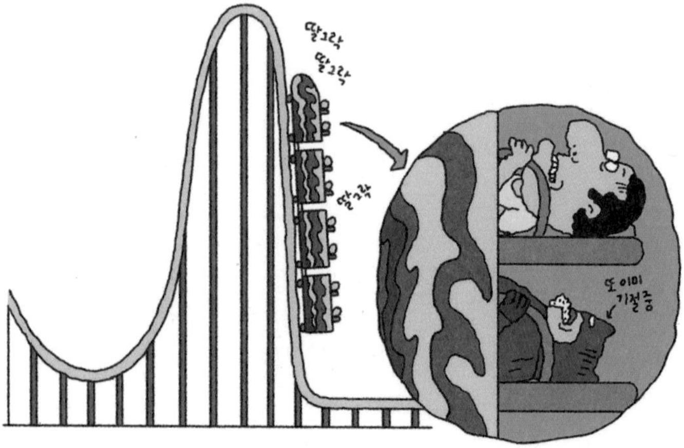
딸그락
딸그락
딸그락
또 이미
기절중

씩 쓰러지면서 만약의 경우 뒤로 미끄러지더라도 돌기에 걸려 차체가 멈추도록 되어 있다. 이 울퉁불퉁한 돌기가 쓰러지는 소리가 덜거덕대는 소리의 정체. 공포를 부추기는 소리가 아닌, 안전하다는 사실을 알려주는 소리다.

305 드럼통에는 왜 마디가 있을까?

드럼통에 가로로 마디가 있는 것을 알 것이다. 이 마디는 드럼통을 밋밋하게 보이지 않게 하는 디자인일까?

사실 드럼통 마디에는 무척 중요한 역할이 있다. 드럼통은 석유 등을 운반하는 용도로 사용되는데, 운반 과정에서 거칠게 다루어지곤 한다. 만일 드럼통이 쉽게 찌그러지면 내용물이 밖으로 새어나갈 위험성이 커진다. 그래서 드럼통의 강도를 높이고자 가로로 마디를 넣은 것이다. 단, 세로 방향 마디는 없기 때문에 드럼통은 세로 방향으로 가해지는 힘에는 약하다.

306 페트병에 요철 모양과 둥근 모양이 있는 이유는?

흔하디흔하게 접하는 페트병이 요철 모양과 둥근 모양의 두 종류로 구분되는 것을 알고 있을까? 이러한 페트병의 모양 차이는 실용적인 의미에서 생겨났다.

우선 요철 모양 페트병은 주스나 차, 생수 등 탄산이 함유되지 않은 음료용이다. 이런 음료는 병에 넣기 전에 85도의 높은 온도로 살균처리를 한다. 그 결과, 열의 영향으로 페트병이 변형될 우려가 있어 요철을 만들어 변형을 막아야 한다.

한편 둥근 모양 페트병은 탄산음료용이다. 탄산음료가 들어 있으면 병 안쪽에서 압력을 받는다. 만약 병이 요철 모양이라면 강한 압력을 받는 부분과 약한 압력을 받는 부분이 발생해 그 불균형 때문에 병의 형태가 변하게 된다. 둥근 모양 병은 힘이 골고루 전달되기 때문에 병의 형태가 쉽게 변형되지 않는다. 페트병의 이런 차이를 알아두면 탄산음료인지 아닌지를 한눈에 구분할 수 있다.

307
피아노 건반은 왜 흰색과 검은색으로 이루어져 있을까?

피아노의 원형은 이탈리아 피렌체 메디치 가문의 악기 수리공 바르톨로메오 크리스토포리가 1700년 무렵 발명한 것으로 전해진다.

르네상스 시대 이탈리아에서 금융업으로 번영을 누린 메디치 가문의 부유함은 전 유럽에 명성이 자자했다. 그런 만큼 메디치 가문이 소유한 물건은 한결같이 호화로웠다. 크리스토포리가 메디치 가문을 위해 제작한 피아노 역시 마찬가지여서 최대한 값비싼 재료를 사용했다. 흰색 건반에는 '상아', 검은색 건반에는 '흑단'을 활용함으로써 피아노 건반이 흰색과 검은색으로 정착된 것이다. 피아노 건반 색깔은 메디치 가문의 번영을 상징하는 유물인 셈이다.

308
초상화는 왜 어떤 방향에서 보아도 눈이 마주칠까?

초상화가 뚫어지게 바라보고 있는 듯한 느낌이 들었던 적은 없는가? 위치를 바꾸어도 그림 속 인물의 시선이 계속 따라온다. 묘한 기분이 들 수 있는데 저주받고 있는 것은 아니니까 안심해도 된다. 이것은 초상화의 눈동자가 눈 한가운데에 그려져 있기 때문에 발생하는 현상이다.

눈동자가 오른쪽으로 치우쳐 있다면 초상화 속 인물은 오른쪽을 바라보고 있는 것처럼 보이고 왼쪽으로 치우쳐 있다면 왼쪽을 바라보고 있는 것처럼 보인다. 그러나 눈동자가 한가운데에 그려져 있으면 관람자가 위치를 바꾸어도 항상 눈이 마주치는 것처럼 보인다.

초상화나 인물사진의 이런 특성은 보는 사람에게 강한 인상을 심어주는 테크닉이다. 따라서 광고 이미지 등에서 의도한 목적을 위해 흔히 응용된다.

309

구슬을 어떻게 둥글게 만들까?

어린 시절에 가지고 놀던 유리 구슬. 이 구슬은 사실 수거된 유리병으로 만든 재활용품이다. 유리병 조각을 둥글게 만드는 과정이 꽤 복잡할 것 같지만 실제로는 매우 간단하게 만들 수 있다.

우선, 여기저기서 모아 온 유리병을 잘게 부수어 녹인다. 그런 후 이를 통 끝에서 밀어내면서 구슬 한 개 정도 크기로 자른다. 그리고 회전하는 롤러 사이에 통과시키면 거의 둥근 모양이 만들어진다.

다음에, 전체 길이가 5미터 정도 되는 나선 모양 미끄럼틀에 굴리면 그 미끄럼틀을 굴러가면서 구슬 모양이 완성되어 맨 아래에 도착했을 때에는 멋진 구슬이 완성된다. 이러한 제조방법을 '미끄럼틀 방식'이라고 한다.

310 강화유리를 어떻게 만들까?

강도가 일반 유리의 다섯 배 정도인 강화유리의 원료 자체는 보통 유리와 같다. 제조방법도 거의 일반 유리와 같은 강화 유리의 강도 차이는 어디에서 생겨나는 것일까? 그 비밀은 마지막 마무리 단계에 있다.

성형 유리판을 마지막에 700도 가깝게 높은 열을 내는 화로에 넣어 뜨겁게 달군 다음에 유리가 열에 의해 변형되기 직전에 화로에서 꺼내 공기를 불어 빠른 속도로 냉각시킨다. 즉, 뜨겁게 열을 가한 뒤에 재빨리 식히는 것이다.

유리는 열이 가해지면 바깥쪽으로 팽창하는데 그때 재빨리 식히면 유리 표면이 잔뜩 팽창한 상태에서 차갑게 굳어진다. 한편 유리 내부는 서서히 수축하면서 굳어진다. 그러면 강화 유리에는 내부가 표면을 잡아당기는 힘이 작용하게 되고 이것이 유리 강도를 높여준다.

311 유리는 투명한데 깨진 유리조각은 왜 하얀색으로 보일까?

깨진 유리컵 파편은 새하얀 색깔로 보인다. 분명 투명한 유리컵이었는데, 왜 하얗게 변했을까?

그 원인은 빛의 난반사 때문이다. 표면적이 큰 유리에 닿은 빛은 대부분 그대로 통과해버린다. 그렇기 때문에 유리가 투명하게 보이는 것이다.

한편, 표면적이 작아질수록 빛은 투과율과 굴절률이 낮아져 난반사를 한다. 부서진 유리는 많은 조각으로 나뉘며 많은 단면을 가지게 된다. 더구나 그 단면의 방향이 각양각색이다. 유리조각에 닿은 빛은 여러 방향으로 반사되는데 난반사가 많을수록 투명하지 않은 하얀색으로 보인다.

312 호텔에 마스터키가 있는 이유는?

호텔 마스터키는 한 층의 모든 방을 열 수 있다. 이 열쇠가 준비되어 있는 이유는 다음의 두 가지다.

하나는 긴급사태가 발생했을 경우, 또 하나는 청소를 하기 위해서다. 청소담당자가 방을 돌면서 청소할 때 방 열쇠를 전부 들고 다니며 맞는 열쇠를 찾아서 들어가는 것은 무척 번거로운 일이다. 그래서 한 층의 모든 방을 열 수 있는 마스터키를 사용하는 것이다.

덧붙여 호텔의 모든 방을 열 수 있는 '그랜드마스터키'가 있고, 손님이 방에서 의식불명 상태에 빠지는 등 긴급 사태가 발생했을 때 안쪽 문도 열 수 있는 비상용 키도 준비되어 있다.

313 수세식 화장실은 모든 대변을 흘려보낼 수 있을까?

수세식 화장실에서 앞 사람의 대변이 남아 있는 것을 마주하면 기분이 좋지 않다. 변기 회사는 어떤 크기, 어떤 형태의 대변이라도 확실하게 흘려보낼 수 있도록 톱밥이나 합성수지로 만든 '가짜 대변'을 활용해 매일 연구를 거듭하고 있다. 그 결과 오늘날 수세식 화장실은 거의 모든 대변을 깨끗하게 흘려보낼 수 있게 되었다.

그러나 대변은 사람에 따라 제각각이기 때문에 그 모두를 재현할 수 있는 가짜 대변은 만들 수 없다. 그래서 가끔씩 흘러 내려가지 않고 남아 있는 대변을 만나게 되는 것이다.

314 낚싯바늘을 어떻게 구부릴까?

낚싯바늘은 힘차게 날뛰는 물고기의 입을 확실하게 걸어줄 뿐 아니라 큰 힘이 들어가도 쉽게 부러지지 않는 강인함을 지녀야 한다. 그러므로 강하고 단단한 강철로 낚싯바늘을 만든다. 이것을 구부려 낚싯바늘 모양으로 만드는 것은 힘든 일이며 낚싯바늘이 작은 만큼 더욱 그렇다.

과거에는 낚싯바늘을 수작업으로 한 개씩 만들었다. 낚싯바늘 모양 틀에 철사를 맞추고 지렛대 원리를 이용해 손가락 힘으로 구부린 것이다. 손으로 만든 낚싯바늘을 좋아하는 사람들을 위해 이러한 전통 방식으로 제작한 낚싯바늘이 여전히 나오지만 오늘날에는 자동화 공정으로 대량 생산되는 낚싯바늘이 주류를 이룬다. 프레스 기계 같은 성형기계를 이용해 다양한 소재와 형태의 낚싯바늘을 만든다.

315 면봉을 어떻게 만들까?

면봉을 제작할 때는 우선 축을 만든다. 롤에 감은 종이를 잘라서 회전하는 롤러와 반원 모양 철판 사이를 통과시킨다. 이때 롤러와 반원 철판이 물에 잠겨 있어 종이가 말리면서 물을 지나며 압축된다. 이렇게 접착제를 사용하지 않고 만든 축 양쪽 끝에 솜이 달라붙도록 접착제를 칠한다. 그런 후 솜이 놓인 그물 위로 축을 굴리면 접착제가 묻은 부분에 솜이 감기기 시작한다. 그 과정에서 전분으로 만든 풀을 칠해 형태를 갖추면 면봉이 완성된다. 이 공정은 기계 한 대에서 모두 이루어진다.

316
마네킹을 어떻게 만들까?

마네킹은 날씬한 모델에서 뚱뚱한 모델, 갓난아기에서 노인까지 다양한 종류가 필요하다. 자동기계장치를 이용해서는 다양한 주문에 대응할 수 없기 때문에 마네킹 제조 회사에서는 기술자들이 하나하나 수작업으로 만든다.

제작은 얼굴, 몸, 팔, 다리 등 각 파트로 구분되어 이루어진다. 각 파트는 먼저 키, 체형, 목둘레 같은 온몸의 치수를 적은 설계도를 바탕으로 모양을 만든다. 얼굴처럼 섬세하게 성형해야 하는 부분은 실리콘으로, 다른 부분은 글라스파이버를 사용한다. 그런 후 각각의 틀 안에 재료를 흘려 넣어 굳힌 뒤 하나의 인형으로 조립한다. 마지막으로 소비자가 요구하는 피부 색깔에 맞추어 착색하면 완성된다.

317 내화금고 수명이 20년으로 정해져 있는 이유는?

내화금고는 1,000도의 불꽃이 감싸더라도 확실하게 내용물을 지켜주지만 그 사용기한은 20년으로 제한되어 있다. 왜 그럴까?

내화금고는 이중 구조 형태로 그 사이에 수분을 포함한 발포콘크리트가 내화재료로 들어 있다. 금고에 열이 가해지면 내화재료의 수분이 수증기가 되어 분출되면서 금고 전체를 차갑게 식히는 작용을 한다. 그 냉각효과 때문에 외부에서 열이 가해지더라도 금속이 녹지 않고 내용물이 보존되는 원리다.

하지만 내화재료 안의 수분은 세월이 흐르며 조금씩 증발해서 20년이 지나면 내화재료로서의 기능을 제대로 발휘하지 못한다. 그래서 내화금고의 사용기한이 20년으로 정해져 있는 것이다.

318
주사위 눈의 정식 위치는?

주사위 눈은 위아래 숫자를 합해 7이 되도록 이루어져야 한다. 위가 1이라면 아래는 6이 오는 식이다. 이 밖에도 주사위 눈의 위치를 정할 때는 다음의 법칙을 따라야 한다. 천 1, 지 6, 남 3, 북 4, 동 5, 서 2. 위(하늘)를 1로 두고 아래(땅)는 6, 보는 사람이 있는 쪽(남)이 3, 보는 사람의 반대쪽(북)이 4, 보는 사람의 오른쪽(동)이 5, 보는 사람의 왼쪽(서)이 2다. 주사위 눈을 그릴 때 3은 오른쪽 위에서 왼쪽 아래로 비스듬히, 2는 왼쪽 위에서 오른쪽 아래로 비스듬히 그려야 한다.

319
공사 현장에 놓여 있는 붉은 원뿔 모양 물체의 이름은?

도로공사 현장을 지나다 보면 붉은 원뿔 모양 물체를 자주 볼 수 있다. 이는 관계자 이외의 다른 사람이 드나들면 위험하다는 것을 알리는 '출입금지' 표시다. 그 명칭은 '컬러콘', 또는 단순히 '콘'이라고 부른다. 여기서 '콘'은 '원뿔모양(cone)'이라는 뜻인데, 우리에게 한결 더 익숙한 '콘'이 있다. 바로 '아이스콘'으로, 아이스콘은 원뿔 모양 과자에 담은 아이스크림이라는 의미다.

320

화장품 유효기간은 어느 정도일까?

화장품은 시간이 지나면 변질된다. 변질된 화장품을 피부에 바르면 문제가 발생할 위험성이 높기 때문에 식품에 유통기간을 정하늣 화상품에도 유효기간이 있다. 그 기간은 온도 변화가 적고 직사광선이 닿지 않는 장소에 보관하는 것을 기준으로 스킨케어 종류는 3년, 메이크업 종류는 4년 정도다.

단, 유효기간이 지나지 않았다고 해도 기름이 분리되거나 이상한 냄새가 난다면 변질되었다는 증거이니 미련 없이 버려야 한다. 아깝다는 생각에 무리해서 사용했다가는 나중에 크게 후회하는 일이 벌어질 수 있다.

321 서양 식기는 왜 한 벌이 여섯 개일까?

서양에서는 아주 오래전(메소포타미아 문명까지 거슬러 올라간다고 추측한다) 12를 기본 단위로 하는 십이진법을 사용했으며 오늘날에도 도넛, 계란, 연필, 색연필 등을 12의 배수로 포장하곤 한다. 이것이 '더즌(dozen)'이며 우리가 흔히 '다스'라고 부르는 단위다.

서양 식기, 스푼, 나이프 등은 한 벌이 더즌, 즉 열두 개로 이루어진다. 그러나 보통 가정에서는 이렇게 많은 수를 한 번에 사용할 일이 거의 없기 때문에 그 절반인 '하프 더즌(half-dozen)', 즉 반 다스, 여섯 개가 한 벌이 되었다.

322 포크 이빨은 왜 네 개일까?

고대 그리스에도 오늘날 우리가 사용하는 '포크'를 의미하는 단어가 있었다. 하지만 그것은 냄비에서 삶은 고기를 건져 올리는 조리도구로 이빨이 한 개뿐이었다. 그러다 이빨이 두 개로 늘었다. 고기를 건져 올릴 때 이빨이 두 개인 쪽이 더 안정감이 있어 유용했기 때문이다. 그러나 포크를 식탁에서 음식을 먹는 데 사용할 경우 입으로 들어가기 전에 내용물이 떨어지는 일이 많았다. 그래서 이빨을 세 개로 늘렸고 마침내 18세기 독일에서 이빨 네 개짜리 포크가 탄생했다. 그 후 19세기 영국에 보급된 이빨 네 개짜리 디너포크는 대영제국의 위세에 힘입어 전 세계로 퍼져 나갔다.

323 자석파스의 자석은 몇 번이든 계속 사용할 수 있을까?

자력(磁力)은 혈액순환을 돕는다. 자석의 이러한 성질을 이용한 것이 자석파스로, 이때 반영구 자석이 사용된다. 따라서 반복적으로 사용해도 자석 자체의 효력은 줄어들지 않는다. 말하자면 자석을 고정시키는 반창고만 갈아주면 몇 번이고 사용할 수 있다는 것이다.

단, 반창고를 교환할 때 주의할 점이 있다. 자석은 피부에 닿는 면이 N극이어야 한다. 자석의 N극과 S극이 바뀌지 않도록 유의하자.

324 중국 제품도 아닌데 왜 '본 차이나'라고 부를까?

'본 차이나'는 소의 정강이뼈를 태운 재(인산칼슘)를 원료에 섞어서 만든 자기를 가리킨다. 자기를 구울 때 재가 작용해서

born China?
No, no, Bone China!

하얗고 투명한 자기가 완성된다. 이를 '본(born, 태어나다) 차이나(China, 중국)'라고 이해해 '중국에서 생산된 것'을 지칭한다고 생각하는 사람들이 있다. 잘못된 이해다.

'본 차이나'라는 명칭은 영국에서 나왔다. 여기서 '본(bone)'은 '뼈'를 말하며 '차이나'는 국가명이 아닌 '중국에서 전해진 자기'를 의미해 소문자로 쓴다. 즉 '본 차이나'는 '뼈를 이용해 구운 자기'라는 뜻이다.

325 방파제를 어떻게 만들까?

방파제는 크게 두 가지 방법으로 만들 수 있다. 우선 물을 막는 공법. 콘크리트는 굳기까지 일주일 정도 걸리기 때문에 그동안 물을 막아두는 것이다. 한데 이 공법은 일손과 비용이 많이 들어가 콘크리트 강도나 정밀도를 유지하기 위해 어쩔 수 없는 경우에만 사용한다.

반면 높은 강도와 세밀한 정밀도가 필요하지 않은 경우에는 물속에서 빨리 건조되는 콘크리트를 활용하는 공법으로 건설한다. 방파제 설치 장소와 조건에 따라 두 가지 공법 중 한 가지를 선택하거나 때로는 두 공법을 병행해서 공사하기도 한다.

326 목욕탕 남탕과 여탕의 출입구를 어떻게 정할까?

공동 목욕탕은 입구에서부터 남탕과 여탕이 분리된다. 좌우 어느 쪽을 남탕으로 또는 여탕으로 할지는 지형을 고려해 정하는 것이 원칙이다. 즉, 지형상 들여다보기 어려운 쪽을 여탕으로 만든다. 두 번째 원칙은 하수를 고려하는 것이다. 하수 상류에 남탕을 만들고 하류에 여탕을 만드는 경우가 많은데, 여성의 화장품 기름 성분이나 머리카락이 하수구를 막을 우려가 있기 때문이다.

전통적으로 이 두 조건을 감안해서 남탕과 여탕 입구를 정했다. 그러나 최근에는 목욕탕 근처에 건물이 없는 경우가 거의 없으며 목욕탕이 단독 건물이기보다는 커다란 건물의 일부로 들어가는 경우가 많아 이러한 원칙은 무용지물이 되었다.

327 비행기는 왜 왼쪽 문으로만 타고 내릴까?

어떤 비행기든 기체 왼쪽으로 타고 내린다. 탑승교도 비행기 왼쪽 문으로 연결하고, 대통령이 전용기에서 오르고 내릴 때 연결되는 계단도 왼쪽에 설치한다. 기체 오른쪽에도 출입구가 있는데 왜 왼쪽만 사용할까?

그 이유는 배를 흉내 낸 데서 찾을 수 있다. 예전부터 배는 항구로 들어가서 왼쪽을 선착장에 댔으며 짐을 부리는 인부나 승객도 왼쪽으로 오르내렸다. 선체 왼쪽을 선착장에 대기 쉽도록 배의 키도 오른쪽에 설치되어 있다. 배보다 늦게 등장한 비행기가 배의 이런 관습을 따르게 된 것이다. 덧붙여 오른쪽 출입구는 기내 식사나 판매품을 기내에 실을 때 또는 비상시에 사용한다.

328 이슬람 국가 공항에서 술을 마실 수 있을까?

이슬람 국가로 여행갈 때는 술을 조심해야 한다. 최근에 규율이 느슨해졌다고는 해도 이슬람 국가에서 음주는 여전히 단속 대상이다. 공항에서부터 술 반입이 엄격히 금지되며 술이 적발되면 몰수당한다. 그렇다면 급유나 기항 등으로 이슬람 국가 공항에 일시적으로 착륙했을 경우에는 어떨까?

이때도 역시 금지다. 이슬람 국가 공항에 착륙한 동안 기내에서는 술이 전혀 제공되지 않는다. 또 현지 세관원이 기내를 점검하며 음주 여부를 확인한다. 단, 하늘 위에서는 자유다. 이슬람 국가 상공을 통과하더라도 술은 얼마든지 제공된다.

329 결혼반지를 왜 왼손 약지에 낄까?

당연하다는 듯 누구나 결혼반지를 왼손 약지에 낀다. 왜 모두가 약속한 것처럼 왼손 약지에 반지를 낄까? 오른손잡이에게 방해되지 않는 왼손, 특별히 사용될 일 없는 손가락이기 때문이라고 말하기도 한다. 한데 이는 고대 그리스부터 내려온 전통이다.

고대 그리스에서는 왼손 약지에 심장과 가장 가까운 중요한 혈관이 있다고 생각해 왼손 약지를 신성하게 여겼다. 결혼 역시 인생에서 신성한 일. 그래서 결혼반지를 왼손 약지에 끼게 되었다고 한다.

330 산타클로스는 왜 굴뚝으로 들어올까?

산타클로스는 실제로 존재했을까? 그렇다고 말하면 잠꼬대라고 여길지 모른다. 하지만

작년에도 같은 소릴 했었지..
다이어트를 하든지 해야지 매년 이것 참...
여보, 도둑이 든것 같아요.

실제 모델이 된 사람이 있다. 4세기 무렵 현재 터키 남쪽에서 활동하던 대주교 성 니콜라스다. 그가 어렵고 힘들게 사는 사람들을 도와준 이야기가 영국과 북유럽 등지로 퍼지면서 오늘날의 산타클로스 모습이 만들어졌다. 대주교가 빨간색 옷을 입었기에 산타클로스의 옷 역시 빨간색이 되었다.

그렇다고 성 니콜라스가 각 집의 굴뚝으로 다니며 아이들에게 선물을 나누어주고 다닌 것은 아니다. 굴뚝으로 들어오는 산타클로스 이미지를 만들어낸 것은 18세기 영국으로, 당시 영국 대부분의 가정에 난로와 굴뚝이 있었기 때문이다. 북유럽에서 산타클로스는 썰매를 타고 찾아오는 인물로 묘사되었다.

331 서양에서는 왜 6월의 신부를 동경할까?

6월에 결혼한 신부는 행복해진다는 속설이 서양에 널리 퍼져 있다. 그래서 서양 여성은 '6월의 신부'가 되기를 꿈꾼다.

그런데 왜 6월일까?

유럽의 6월은 덥지도 춥지도 않은 적당한 기온에 비도 적게 내리는 편이다. 들판에는 향기로운 꽃이 만발한다. 1년 중 가장 화창하며 아름다운 계절이다. 그리고 고대 로마 신화에서 6월은 결혼을 주관하는 유노 여신의 달이기도 하다. 즉, 사랑이 결실을 맺어 행복한 삶의 첫 걸음을 내딛는 결혼식을 치르기에 가장 좋은 시기로 여겨진 것이다.

332 엘리베이터 와이어로프가 끊어지면 어떻게 될까?

영화에서 엘리베이터 와이어로프가 끊어지며 아래로 추락하는 장면을 본 적이 있는가? 이러한 이미지의 영향일지 몰라도 엘리베이터를 타면서 한 번쯤은 불길한 상상을 해봤을 것이다. '와이어로프가 끊어지면 어떻게 될까?' 그리고 꽤 비참한 광경을 떠올릴 것이다.

실제로 엘리베이터의 와이어로프가 끊어진다고 해도 상상하는 것 같은 비참한 결과를 마주할 일은 없다. 왜냐하면 엘리베이터가 추락할 때 엘리베이터 카(케이지) 아래 공기가 갑자기 압축되면서 자동차 '에어 백' 같은 역할을 하여 땅바닥에 부딪히지 않도록 막아주기 때문이다.

더구나 최근 엘리베이터에는 반드시 안전장치를 설치하도록 규제하고 있다. 와이어로프가 끊어지는 것과 거의 동시에 카 옆에서 팔 같은 장치가 튀어나와 주위 벽과 마찰을 일으키며 추락을 막는다. 그리고 엘리베이터의 와이어로프는 표기되어 있는 최대 적재 중량의 열 배까지 버틸 수 있도록 설계되어 있다. 따라서 정원이 다소 초과되더라도 두려워할 필요는 전혀 없다.

333

가톨릭교회 미사에서 신자들이 입에 넣는 것은 무엇일까?

가톨릭교회 미사에서는 무릎을 꿇은 신자의 입에 사제가 작은 과자 같은 것을 넣어준다. 이것은 성체(聖體, 그리스도의 신체)를 받는 의식이다. 최후의 만찬 때 그리스도는 빵을 집어 들고 열두 제자에게 이렇게 말했다. "받아서 먹어라. 이것은 내 몸이니라." 성체를 받는 의식은 그리스도를 향한 사랑, 그 몸 대신 빵을 먹는다는 의미를 지닌다. 그러나 오늘날 미사에서는 빵 대신 전분을 과자처럼 얇게 굳힌 것을 사용한다. 감촉이 거칠고 맛도 없지만 가톨릭 신자에게는 매우 신성한 것이다.

334

미국 대통령은 법안에 사인할 때 왜 펜 여러 자루를 사용할까?

뉴스 등에서 미국 대통령이 법안에 사인하는 장면을 본 적이 있는가? 자세히 살펴보면 미국 대통령이 펜을 여러 번 바꾸어가면서 사인하는 것을 확인할 수 있다. 왜 번거롭게 펜을 여러 자루 사용하는 것일까?

그것은 법안을 위해 노력한 사람들에게 감사하다는 의미로 사인한 펜을 선물하기 위해서다. 이러한 전통이 시작된 것은 1930년대 프랭클린 루스벨트 대통령 시절이다. 1964년 인종차별철폐 법안이 성립되었을 당시 린든 존슨 대통령은 80여 자루의 펜을 사용했다고 한다.

335

KFC 마스코트는 왜 하얀 옷을 입고 있을까?

미국 유명 치킨 체인점 KFC(켄터키 프라이드 치킨) 앞에 서 있는 마스코트는 KFC 창립자 샌더스 대령(할랜드 샌더스)이다. 그런데 샌더스 대령이 하얀색 옷을 입고 있는 특별한 이유가 있을까?

샌더스 대령은 다양한 직업을 전전하다 마침내 성공을 거둔 인물이다. 그의 성공담이 널리 퍼져 나가며 어느 날 텔레비전 방

새 양복을 사지 않았던 게 다행이었지. 헐헐헐
앗, 감독님!
←강백호(?)

송 출연 제의가 들어왔다. 때는 추운 겨울이었으나 미처 겨울 양복을 손질할 새도 없었던 샌더스 대령은 어쩔 수 없이 하얀 여름 양복을 입고 방송에 출연했다. 이것이 뜻밖의 좋은 반응을 불러왔고 이후 하얀 양복은 샌더스 대령의 트레이드마크가 되었다.

336 몽타주 사진을 어떻게 만들까?

최근에는 컴퓨터 그래픽을 활용해 몽타주 사진을 만든다. '영상해석장치'에 수많은 얼굴 사진이 기억되어 있어 목격

?

정말로 이렇게
생겼어요??
뻥이지?
뚱형사
정말이라니까요!

자는 우선 그중 가장 가까운 인상을 선택한다. 그것을 바탕으로 눈, 코, 입, 귀를 부분적으로 수정해간다.
예를 들어 눈을 약간 처지게 하고 코는 좀 더 크게 만든다. 눈이 처지는 모습도 자유자재로 바꿀 수 있기 때문에 목격자는 예전에 비해 손쉽게 이미지를 묘사할 수 있다. 또, 눈과 코를 동시에 변화시키거나 사마귀 같은 것도 마음대로 바꿀 수 있다. 눈, 코, 입 등을 부분적으로 조합해가는 기존 방법과 비교했을 때 몽타주 사진 작성 시간이 훨씬 단축되었다고 한다.

337 음속 단위가 '마하'가 된 이유는?

탄환, 비행기, 미사일 등 고속으로 운동하는 것의 속력을 나타내는 단위로 '마하'가 있다. 마하는 음속에 대한 운동 물체의 속도 비로 나타내는데, 마하 1은 음속과 같은 속도, 마하 10은 음속의 열 배에 해당하는 속도를 말한다.
마하는 과학자의 이름에서 유래했다. 1838년 모라비아에서 태어난 오스트리아 물리학자 에른스트 마흐는 빈 대학에서 초음속을 연구했으며 결국 음속 단위에 자기 이름을 붙일 업적을 성취했다.
마흐의 성과는 과학 분야에 한정되지 않았다. 심리학에서 사용하는 '마하의 띠'와 '마하 효과', 생리학의 '마하 브로이어 설'도 모두 그의 이름을 가져다 붙인 것이다. 나아가 마흐의 업적은 아인슈타인의 상대성이론에 실마리를 제공했다는 평가도 받고 있다.

338
지하철 굄목을 왜 콘크리트로 만들까?

지하철 선로에는 콘크리트로 굄목을 사용한다. 선로는 원래 단단하게 다진 흙 위에 자갈을 깔고 그 위에 레일을 놓는다. 굄목에는 레일을 고정시키고 소음과 진동을 완화시키는 역할이 있다. 하지만 지하철에서는 자갈을 사용하지 않고 레일 이외의 다른 모든 부분을 콘크리트로 만든다. 콘크리트가 나무 침목보다 더 오래 버티는 데다 자갈에 비해 장소를 덜 차지하기 때문이다.

339
전철 바퀴를 크게 만들면 더 빨리 달릴 수 있지 않을까?

자전거는 페달 회전수가 같을 경우 바퀴가 큰 쪽이 빨리 달릴 수 있다. 그렇다면 전철도 바퀴가 커지면 지금보다 훨씬 빨리 달릴 수 있지 않을까? 하지만 이것은 간단한 문제가 아니다. 크게 만든 바퀴를 고속으로 회전시키려면 모터 힘이 당연히 함께 강해져야 한다. 바퀴 크기만 커지면 되는 것이 아니라 더욱 강력한 모터를 개발해야 하는 것이다.

더구나 바퀴를 크게 만들면 그만큼 차량의 중량이 증가한다. 그러면 속도가 떨어질 수밖에 없고 노선에 큰 부담을 줄 수 있다. 또한 소음 같은 부차적인 문제도 연이어 발생한다. 따라서 현실적으로는 오히려 바퀴를 작게 만드는 쪽이 더 빨리 달릴 수 있다.

340

F1 레이싱 카 타이어에는 왜 고랑이 없을까?

타이어 고랑은 미끄러짐을 방지하는 역할을 한다. 그런데 최고 시속 300킬로미터 이상으로 질주하는 F1 레이싱 카 타이어에는 고랑이 없다.

마른 노면을 달릴 경우에는 고랑이 없는 타이어가 접지면적이 크기 때문에 브레이크가 잘 듣는다. 고랑이 필요한 것은 비가 내렸을 때다. 타이어와 노면 사이 물이 고랑을 통해 배출되면서 미끄러짐을 방지해주기 때문이다. 그래서 레이싱 카도 비가 내리면 고랑이 있는 타이어로 교체한다.

그러나 일반 자동차는 비가 내릴 때마다 바퀴를 갈아 끼울 수 없기 때문에 맑은 날이든 비가 내리는 날이든 그대로 사용할 수 있도록 고랑이 있는 타이어를 장착하고 다니는 것이다.

341
회전목마 반지름이 10미터 이내인 이유는?

회전목마를 타면 가벼운 원심력이 작용한다. 예를 들어, 반지름 10미터인 회전목마를 회전주기 17초로 돌리면 원반 가장자리에 타고 있는 사람에게는 체중의 15퍼센트에 해당하는 원심력이 작용한다. 체중 50킬로그램인 사람이라면 7.5킬로그램의 원심력이 바깥쪽으로 걸리는 셈이다. 이 정도 원심력은 회전목마를 타는 사람에게 적당한 속도감을 느끼게 해준다. 하지만 같은 회전수라고 해도 원반의 반지름이 커지면 원심력이 증가해 위험도가 높아진다. 그러므로 안전을 고려해 가장 큰 회전목마라고 해도 원반의 반지름은 10미터 이내로 제한한다. 일반적으로는 6, 7미터 정도다. 이것은 전 세계에서 공통적으로 적용하는 크기다.

342
초고층 빌딩은 몇 미터 높이까지 가능할까?

높이가 무려 4,000미터나 되는 초고층 빌딩 구상안이 나왔다. 이 빌딩을 지으면 100만 명의 사람이 그 안에서 생활할 수 있다고 했다. 놀라운 숫자지만 이것은 어디까지나 '구상'이다. 그렇다면 현실적으로 가능한 높이는 어느 정도일까?

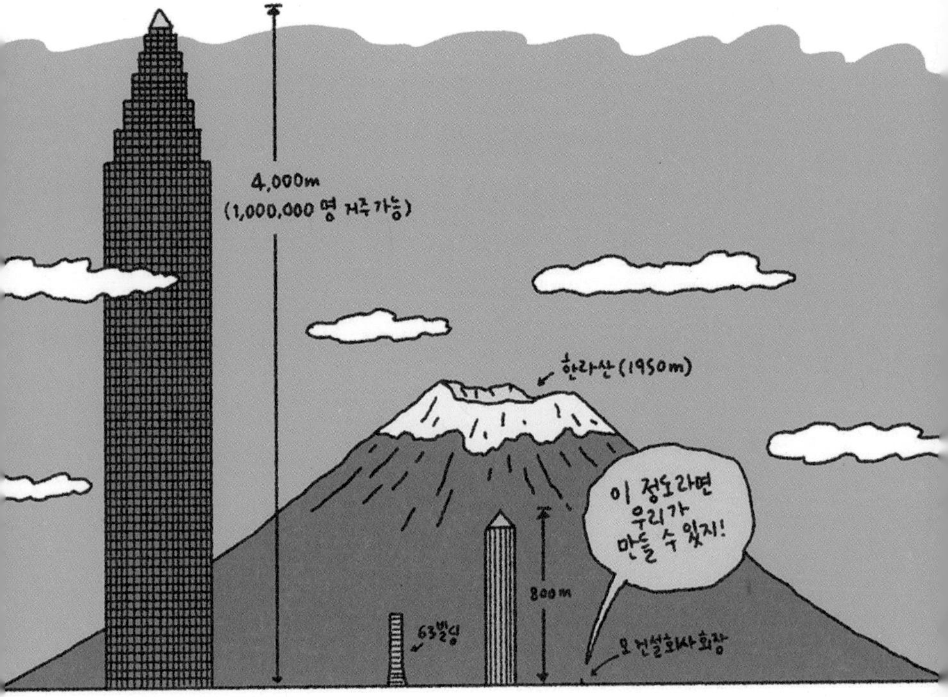
4,000m
(1,000,000 명 거주 가능)
한라산(1950m)
이 정도라면
우리가
만들 수 있지!
800m
63빌딩
모 건설회사 회장

전문가의 의견을 참고하면 800미터에서 1,000미터 정도라고 한다. 어떤 건설회사는 200층 건물에 800미터 높이 초고층 빌딩을 건축할 수 있다고 발표했다. 참고로, 현재 세계 고층 건물 5위인 롯데월드타워의 높이는 123층, 555.7미터, 1위인 두바이의 부르즈 할리파는 163층, 829.8미터다.

343 에스컬레이터에 사람이 많이 타면 속도가 느려질까?

에스컬레이터는 사람이 많이 탔다고 해서 속도가 떨어지지는 않는다. 에스컬레이터 모든 층계에 사람들이 빼곡히 올라탄다고 해도 30미터를 움직이는 데 기껏해야 1초 정도 느려질 뿐이다.

에스컬레이터 모터는 같은 속도로 돌아가게 설계되었으며 계단에 걸린 하중에 따라 자동으로 힘을 조절하는 시스템을 갖추었기 때문에 사람들이 많이 타서 무거워졌다고 해도 속도는 줄지 않는다.

344 무균실을 어떻게 무균 상태로 만들까?

병원 무균실은 실내 세균이 보통 공기의 50분의 1정도밖에 되지 않는다. 수술실은 물론 무균실이며 골수이식 전후와 항암제 사용 후 면역기능이 떨어진 환자를 위해 병원에서는 '무균 상태' 병실도 있다. 일반적으로 병원 무균실에는 아이솔레이터가 설치되어 있다. 아이솔레이터는 공기 속 세균이나 먼지를 특수 필터로 걸러낸다. 세균측정기로 측정했을 때 송풍구 부근 세균 수가 거의 제로에 가까워지면 오케이다. 무균실로 들어가는 의사나 간호사는 청결한 하얀 옷으로 갈아입어야 하며, 병원에 따라서는 살균제가 들어 있는 멸균샤워를 하기도 한다. 환자 식사도 모두 가열 살균된 것으로 한정된다.

345 꽃다발을 거꾸로 들고 다니는 이유는?

꽃다발을 거꾸로 들고 가는 사람을 본 적이 있는가? 꽃이 잘 보이도록 똑바로 들고 다니지 않고 꽃이 아래로 향하도록 거꾸로 드는 이유가 있다. 그렇게 해야 꽃이 싱싱하게 유지되기 때문이다.

꽃다발을 거꾸로 들었을 때 꽃의 싱싱함이 더 오래가는 이유는 에틸렌 발생이 억제되기 때문이다. 에틸렌은 꽃의 성장호르몬에 영향을 끼치는 것으로 꽃의 성장을 위해 중요한 물질이지만 한편으로 꽃의 신선도를 떨어뜨리는 작용도 한다. 꽃을 아래로 내려 거꾸로 들면 꽃에 수분이 많이 모여 에틸렌 발생을 막아준다.

346 고층 건물 위에서 빨간 램프가 반짝이는 이유는?

어둠이 내리면 고층 건물은 하늘을 향해 빨간 신호를 보낸다. 고층 건물의 빨간 램프는 단순한 장식이 아니다. 빨간 빛을 반짝여 비행기에 신호를 보내는 것이다.

막 이륙했거나 착륙을 준비하는 비행기는 낮게 비행한다. 그럴 때 비행기와 건물이 충돌하지 않도록 고층 건물에 반드시 빨간 램프를 설치해 건물 위치를 알려야 한다.

347 형광펜을 칠해도 그 아래 문자가 보이는 이유는?

문자 위를 형광펜으로 그어도 형광색에 덮인 문자를 잘 알아볼 수 있다. 그래서 형광펜은 암기하고 강조하고 눈에 잘 띄게 하고 싶은 텍스트를 표시할 때 상당히 유용하다. 일반 사인펜과 달리 형광펜은 왜 아래 문자가 비칠까?

이는 펜에 포함된 색소 양과 관련 있다. 색소 양이 많은 경우 위에 덧칠한 펜이 아래 문자를 가리지만 색소 양이 적은 펜은 문자를 가리지 않는다. 형광펜은 색소 양을 적게 조절한 펜이다. 형광펜의 형광색 자체와는 관련이 없고 색소의 양이 좌우하는 것이다.

348
지퍼 손잡이에는 왜 구멍이 있을까?

바지, 점퍼 등의 지퍼 손잡이에는 구멍이 뚫려 있다. 그 구멍도 어떤 역할이 있을까? 아니면 그냥 장식일까?

지퍼 손잡이 구멍은 두 가지 역할을 한다. 첫째는 끈을 다는 용도다. 구멍에 끈을 연결해 달아두면 지퍼를 여닫을 때 힘들이지 않아도 된다. 실제로 가방 지퍼에 끈이나 열쇠고리 등을 연결해 두곤 한다.

둘째는 미끄러짐을 방지하는 용도다. 지퍼 손잡이가 매끈하게 생기면 사용할 때 불편하지만 구멍이 뚫려 있으면 손가락이 구멍에 걸려 미끄러짐을 방지할 수 있다.

349
골판지 상자는 왜 옅은 갈색일까?

골판지 상자가 옅은 갈색을 띠게 된 것은 그 제조방법 때문이다.

골판지는 회수한 종이를 다시 가공해서 만드는데 낡은 종이를 표백하면 종이 강도가 떨어진다. 골판지 상자에는 무거운 것을 담기도 하므로 어느 정도 강도를 유지해야 한다. 그래서 골판지는 원료인 종이를 표백하지 않기 때문에 옅은 갈색이 되었다.

350 청바지 치수를 왜 인치로 표시할까?

1인치는 몇 센티미터일까? 정답은 2.54센티미터. 이 질문에 즉시 대답할 수 있는 사람은 많지 않을 것이다. 그런데도 청바지 사이즈를 인치로 표시하는 이유는 단순하다. 인치로 표시하면 마치 '원산지'가 미국이라는 인상을 심어주기 쉽기 때문이다.

그러나 최근에는 단순히 미국 제품이라는 이유만으로 주목받고 인기를 얻을 수 없기 때문에 청바지도 센티미터로 표시하는 경우가 늘고 있다.

351 트럼프가 52장으로 구성되어 있는 이유는?

트럼프 카드는 52장이다. 52라니 뭔가 낯선 숫자인데, 왜 하필 52장일까?

트럼프는 원래 점술도구인 타로의 일부가 놀이도구로 변한 것이다. 그렇기 때문에 트럼프의 매수도 달력과 관련 있다. 카드가 52장인 것은 1년이 52주이기 때문이다. 그리고 네 개 무늬가 13장씩으로 이루어져 있는 것은 사계절이 각각 13주씩 나누어지기 때문이다.

또, 각 무늬에 해당하는 13장의 숫자를 모두 더하면 91이 되는

데 이것이 네 개 있으니까 합계 364. 여기에 조커를 1로 더하면 365가 된다. 한 해의 날 수를 나타낸다.

8장
천태만상
시끌벅적
동물통조림

352
수족관에서는 왜 오징어를 볼 수 없을까?

수족관에서 오징어를 볼 수 없는 이유는 사육이 매우 어렵기 때문이다. 바닷속을 돌아다니는 해양성 오징어는 유영 능력이 강하기 때문에 마음 놓고 수영할 수 있는 환경이 필요하다. 그러한 환경을 조성해주는 것은 그렇게 어렵지 않다.

문제는 오징어가 물살 흐름을 따라 헤엄치지 않는다는 데 있다. 오징어는 흐름을 거스르는 등 예측할 수 없는 행동을 한다. 그렇게 움직이다 결국 수조에 부딪혀 죽기 쉽다.

다만 오징어는 눈이 좋기 때문에 수조 면에 선을 그려두면 충돌을 피할 수 있다. 그런데 그 표시가 관람객의 시선을 방해해 오징어의 생태를 제대로 확인할 수 없게 만든다.

이렇듯 오징어와 관람객 양쪽을 모두 만족시킬 수 있는 사육 방법이 없기 때문에 수족관에서는 오징어를 구경하기 어려운 것이다.

353
복어 몸은 왜 부풀어 오를까?

물고기도 갈비뼈가 있다. 내장을 보호하기 위해서다. 우리 인간의 갈비뼈를 생각해보자. 갈비뼈는 쉽게 움직일 수 있는 뼈가 아니다. 쉽게 움직이면 내장을 제대로 보호할 수 없기 때문이다. 물고기의 갈비뼈도 마찬가지다.

그런데 복어는 갈비뼈가 있어야 할 가슴 부분을 크게 부풀릴 수 있다. 식도 일부를 부풀려서 몸을 크게 보임으로써 적을 위협하는 행동이다.

복어의 갈비뼈는 그런 움직임을 견뎌낼 수 있게 만들어졌을까? 그렇지 않다. 사실 복어는 물고기지만 갈비뼈가 없다. 그래서 몸을 크게 부풀릴 수 있는 것이다.

354
연어는 왜 강물과 바닷물 양쪽에서 살 수 있을까?

생물의 세포에는 침투압 기능이 있다. 그래서 염분 농도가 낮은 쪽에서 높은 쪽으로 수분이 이동한다. 바닷물고기는 세포의 수분이 밖으로 빠져나가서 몸 안의 염분 농도가 점차 짙어진다. 민물고기는 그와 반대로 염분 농도가 갈수록 옅어진다. 물론 이런 상태가 계속되면 안 되기 때문에 아가미에 몸 안의 염분 농도를 조절하는 기능이 갖추어져 있다. 구체적으로 말해, 바닷물고기의 아가미 세포는 몸 안의 염분을 바닷물에 방출하는 작용을 한다. 민물고기의 아가미 세포는 민물에도 조금이나마 존재하는 나트륨이나 염소 이온을 몸 안으로 흡수하는 작용을 한다. 그리고 강과 바다를 넘나드는 연어의 아가미 세포는 이 두 기능을 모두 갖추고 있다.

연어는 이동할 때 민물과 바닷물이 섞이는 강 하구에서 3~7일 정도를 보낸다. 그동안 뇌하수체가 주위 물의 염분 농도가 변했다는 사실을 감지하고 그 결과 연어의 아가미 세포에 변화가 일어난다. 강에서 바다로 내려가는 연어의 아가미 세포는 염분을 방출하는 기능이 높아진다. 반대로 바다에서 강으로 올라오는 연어의 아가미 세포는 물속 염분을 흡수하는 기능이 높아진다. 그렇기 때문에 연어는 강물과 바닷물 양쪽에서 살 수 있는 것이다.

355 물고기끼리 부딪히지 않는 이유는?

강이나 바다 여울에서 눈에 보이는 물고기를 손으로 잡으려 해도 재빨리 빠져나가 잡을 수 없다. 그런

작살
어림 없지!
네오피쉬?

데 물고기는 그렇게 빨리 헤엄치는데도 물고기끼리 부딪히거나 바위에 부딪히는 일이 없다. 물고기의 시력이 좋기 때문일까? 물고기가 바위 같은 데 부딪히지 않는 이유는 몸 옆에 있는 옆줄 덕분이다. 물고기는 옆줄로 물살의 흐름이나 수압 변화를 순간적으로 포착한다. 그래서 장애물을 피하면서 빠르게 헤엄칠 수 있는 것이다. 물고기는 탁한 물속에서도 자유롭게 움직인다. 눈으로만 사물을 확인하는 우리가 물고기를 잡기 어려운 것은 당연한 일이다.

356
고래가 수면 위로 뛰어오르는 이유는?

고래, 특히 흑고래는 수면 위로 점프하는 경우가 많다. 이는 운동을 하거나 놀고 있는 게 아니다. 물에 떨어질 때 나는 소리로 동료와 연락을 취하는 행동이다.

커다란 고래가 내는 물소리는 몇 킬로미터 앞까지 도달한다. 고래는 목소리로도 교신하지만 잡음이 많은 바다에서는 서로의 목소리를 알아듣기 어렵다. 그런 경우 고래는 수면 위로 뛰어오른다.

옛날에는 고래가 지금처럼 자주 점프하지 않았다. 목소리만으로 충분히 교신할 수 있었기 때문이다. 그러나 지금 바다에는 많은 선박이 오간다. 선박의 기계 소리 때문에 고래는 목소리만으로 충분히 교신할 수 없어 '점프 교신' 횟수를 늘린 것이다.

357

벌의 몸은 왜 검은색과 노란색 줄무늬로 이루어져 있을까?

검은색과 노란색 줄무늬는 위험을 나타내는 표시다. 이는 벌의 몸 색깔에서 유래했다.

벌침에 쏘이면 강렬한 통증이 느껴진다. 다른 곤충으로 착각하고 벌을 입에 넣었다가 벌침에 쏘인 개구리는 두 번 다시 벌을 공격하지 않는다. 그런 일이 되풀이되면서 동물들은 벌을 건드렸다가는 뜨거운 맛을 보게 된다는 사실을 알게 되어 이후에는 함부로 접근조차 하지 않는다.

벌의 입장에서는 자기가 벌이라는 사실을 상대에게 확실하게 알려주는 것이 안전하다. 그래서 검은색과 노란색 줄무늬라는 눈에 띄는 모습으로 진화해왔다.

미리미리 조심하라는 작은 배려라고나 할까?

358

여왕벌이 되는 벌은?

꿀벌은 5,000마리에서 2만 마리 정도가 무리지어 공동생활을 한다. 한 집단에 산란능력을 가진 여왕벌은 단 한 마리다. 나머지는 대부분 산란능력이 없는 일벌이다. 이런 역할 분담이 태어날 때부터 정해져 있는 것은 아니다. 여왕벌이든 일벌이든 유전적으로는 똑같다. 단, 애벌레 시절에 먹는 먹이가 다르다.

평범한 꽃가루나 꿀을 먹으면 일벌이 된다. 한편 일벌이 먹이를 소화해 분비하는 액체인 로열젤리를 먹은 벌은 일벌의 두 배 정도 크기로 성장해 산란능력을 갖춘 여왕벌이 된다.

여왕벌의 수명은 2~3년. 여왕벌의 산란능력이 떨어지면 일벌들은 애벌레 한 마리를 골라 로열젤리를 먹여서 새로운 여왕벌을 만든다.

359

양봉업자는 벌을 어떻게 벌통 안으로 모을까?

양봉업자는 거의 맨손으로 꿀벌을 다룬다. 이렇게 맨손으로 다룰 수 있는 이유는 꿀벌의 습성을 잘 알고 있기 때문이다.

꿀벌은 적을 쏠 때 독이 더 많이 퍼지도록 침을 적의 몸에 남긴다. 하지만 그렇게 하면 침이 부러져 꿀벌 자신도 죽게 된다. 꿀벌은 한 번 침을 쏘면 죽을 운명인 것이다. 따라서 꿀벌은 함부로 침을 쏘지 않는다. 가까이 다가가더라도 쫓아내거나 위협하지 않으면 꿀벌 쪽에서 도망간다.

한편 양봉업자는 꿀벌을 통에 넣을 때 우선 여왕벌을 붙잡아 가둔다. 그렇게 해두면 나머지 벌이 여왕벌을 쫓아 스스로 통 안으로 들어오기 때문이다.

360
매미가 날아갈 때 소변을 보는 이유는?

시골에서 태어나거나 생활한 경험이 있다면 매미를 잡으러 갔다가 거의 다 잡은 순간에 놓쳐버리고 그 와중에 도망가는 매미의 소변까지 뒤집어 쓴 경험이 있을 것이다. 매미의 이런 행동에 약이 바짝 올라 기필코 잡겠다고 하루 종일 헤매 다닌 기억도 있을 것이다.

매미의 먹이는 수액이다. 수액은 액체이기 때문에 영양소를 섭취한 뒤 소변으로 배출되는 양도 많다. 그렇다고 매미가 도망가기 위한 무기로 소변을 이용하는 것은 아니다. 몸 안에 수분이 고이면 무거워져서 날기 힘들기 때문에 도망갈 때 소변을 보고 몸을 가볍게 만드는 것이다.

매미에게는 사람을 놀리려는 악의가 전혀 없다.

361

매미의 애벌레는 땅속에서 무엇을 먹으면서 얼마나 지낼까?

어린 시절 여름방학 때 매미채집에 열을 올린 사람이 많을 것이다. 매미는 주로 나무줄기나 가지에 앉아 있다. 나무의 수액을 빨아먹고 살기 때문이다.

그렇다면 땅속에서 지내는 애벌레 시절에는 무엇을 먹을까? 역시 수액이다. 매미는 나무줄기나 가지에 알을 낳는다. 부화한 매미 애벌레는 일단 나무를 타고 내려가 땅속으로 들어간다. 그리고 성충이 될 때까지 땅속에서 생활하는데 이때 식물 뿌리에서 수액을 빨아먹으며 영양을 보충한다.

그 기간은 매미 종류에 따라 차이가 있지만 5~6년 정도다. 다른 곤충에 비해 정말 긴 시간이지만 성충이 된 뒤에는 불과 2~3주 만에 죽는다.

362

벼룩이 높이 뛸 수 있는 이유는?

벼룩의 높이뛰기 실력은 평균 10~30센티미터다. 몸길이가 불과 1~2밀리미터니까 자기 몸의 100배

넘게 뛰어오른다는 계산이 나온다. 더구나 벼룩은 놀라운 지구력을 가지고 있다. 인도 들쥐에게 달라붙는 벼룩은 72시간 동안 한 시간에 600회씩 점프하는 대기록을 남겼다.

벼룩의 엄청난 점프 실력의 비밀은 진화 과정에 있다. 지금은 사라졌지만 벼룩의 조상에게는 날개가 있었다. 그 날개를 움직이던 근육이 등에서 옆으로 이동해 점프하는 데 사용된다.

여기에 더해 벼룩은 뒷발 뿌리 부분에 '레실린(resilin)'이라는 탄성이 강한 단백질을 가지고 있다. 이것은 축적한 에너지의 97퍼센트를 방출할 수 있는 효율성이 매우 좋은 탄성체다. 그렇기 때문에 사람 크기에 빗대어 말하면 200미터나 되는 빌딩을 한 번에 뛰어넘을 수 있다.

363

바퀴벌레가 빨리 달릴 수 있는 이유는?

사람들이 싫어하는 벌레로 첫손에 꼽히는 것이 바퀴벌레다. 생김새는 투구벌레나 하늘가재와 비슷하다. 하지만 바퀴벌레는 투구벌레류와는 비교할 수 없을 정도로 빠르다. 왜 그럴까?

비밀은 바퀴벌레의 몸에 있다. 바퀴벌레는 몸 전체가 잘빠졌고 가벼우며 다리가 길고 근육도 잘 발달되어 있다. 즉, 다리로 빨리 움직이는 데 매우 적합한 몸이다.

Q: 만일 벼룩이 사람과
비슷한 크기라면?
지…징그러울 것 같다.
무척…
A: 200 미터 높이의 건물을
뛰어넘을 수 있다.

야외에서 활동하는 투구벌레와 달리 바퀴벌레는 실내에서 돌아다닌다. 실내에서는 날개를 써서 날아다니는 것보다 다리를 사용하는 쪽이 눈에 덜 띄고 편하다. 그래서 다리를 쓰는 생활에 유리한 쪽으로 진화한 것이다.

364
옅은 갈색 작은 바퀴벌레는 검은색 바퀴벌레의 새끼일까?

바퀴벌레는 검은색과 옅은 갈색 두 종류가 있다. 옅은 갈색 바퀴벌레가 검은색 바퀴벌레의 새끼라고 생각하는 사람이 있는데, 이 둘은 종류가 전혀 다르다.
검은색 바퀴벌레는 '검정바퀴벌레'라고 하며 새끼 또한 검은색이거나 적갈색이다. 몸길이가 3센티미터 이상이며 움직임이 재빠르다. 한편 옅은 갈색 바퀴벌레는 성충이라고 해도 몸길이가 1.5센티미터를 넘지 않는다.

365
곤충은 왜 가로등 주위를 날아다닐까?

멀리 떨어져 있는 꽃밭으로 날아간 꿀벌이 길을 잃지 않고 둥지로 돌아올 수 있는 이유는 자신과 태양, 목적지의 세 점으로 이루어지는 각도를 통해 날고 있는 방향을 인식하기 때문이다. 꿀벌뿐 아니라 많은 곤충에게 이러한 능력이 있다.

그런데 밤이 되어 태양이 사라지면 곤충들은 가로등 불빛을 태양으로 착각한다. 하지만 가로등은 가까이 있기 때문에 자기가 조금만 움직여도 불빛 위치가 바뀌어버린다. 그래서 가로등과 일정한 각도를 유지하려면 가로등과의 거리가 일정한 장소에서 움직여야 한다. 즉, 가로등을 중심으로 원을 그리듯 날아다니게 되는 것이다.

곤충은 빛이 좋아서 가로등 모여들고 그 주위를 날아 배회하는 것이 아니다. 가로등을 태양이라고 착각해 길을 잃고 헤매는 것이다.

366

왜 갑자기 메뚜기 떼가 나타나곤 하는 것일까?

예전에 동아프리카에서 메뚜기 1,120억 마리가 나타난 적이 있었다. 이 메뚜기 떼가 뒤덮은 면적은 180만 6,000제곱킬로미터에 이르렀다. 그렇게 어마어마한 메뚜기 떼가 왜 갑자기 발생했을까?

아프리카에서 보통 기후라면 강물 범람 등으로 메뚜기 알이 많이 죽는다. 그런데 가뭄이 계속 이어지면 메뚜기 알이 죽지 않고 거의 다 부화한다. 건조한 날씨 때문에 천적인 사마귀나 거미 개체 수까지 줄어들면서 알에서 부화한 애벌레가 빠른 속도로 성장해 거대한 메뚜기 떼를 형성하는 것이다.
또 최근 메뚜기 떼가 많이 발생한 것은 사람들 때문이기도 하다. 미국의 옥수수나 이집트의 보리 등 드넓은 면적을 단일농작물로 뒤덮어버리면 그것을 좋아하는 메뚜기 수가 당연히 증가한다. 그러면 생태계 균형이 무너져 갑자기 수많은 메뚜기가 나타나게 된다.

367

작은 새는 어떻게 염분을 섭취할까?

작은 새가 먹는 것은 먹이와 물뿐이며 염분은 전혀 섭취하지 않는다. 그렇다면 염분을 섭취하지 않고 어떻게 생존할 수 있을까?
작은 새는 염분 흡수 능력이 뛰어나다. 원래 작은 새의 먹이가 되는 나무 열매나 나뭇잎에는 염분이 거의 없다. 그렇기 때문에 작은 새의 몸은 염분을 몸 밖으로 배출하지 않는 구조로 이루어져 있다. 예를 들어 오스트레일리아의 사랑앵무(Budgerigar)는 염분의 99.8퍼센트를 흡수하지만 소변으로는 거의 배설하지 않는다. 즉, 0.2퍼센트만 몸 밖으로 배출하기 때문에 염분을 아주 적게 섭취한다고 해도 몸 안 염분 농도를 충분히 유지할 수 있다.

368

맛있는 조류와 맛없는 조류의 차이는?

왜 어떤 조류는 맛있고 어떤 것은 맛없을까?

맛있는 조류는 모두 곡류를 먹는 공통점이 있다. 그러니까 닭이나 메추리는 맛있고 개똥지빠귀처럼 나무 열매를 먹는 조류도 그런대로 먹을 만하다.

맛없는 조류는 까마귀, 백로, 물총새, 솔개 같은 육식 조류다. 이런 새들의 배설물은 대부분 하얗고 묽다. 즉, 배설물이 묽은 조류는 먹어도 맛이 별로 없다고 보면 된다.

또 화려하고 예쁜 조류도 대부분 맛없다. 일찍이 이란의 팔레

맛도 없는 것들이
잘난 척 하기는!

비 국왕이 즉위했을 때 축하연의 주요리로 3,000마리 공작 로스트가 나온 적이 있다. 전 세계 부호들의 입이 떡 벌어질 정도로 호화로운 요리였지만 정작 닭고기 구이가 훨씬 맛있었다고 한다.

369

콘도르는 지상의 먹이를 어떻게 발견할까?

콘도르는 남미 고지대에 서식하는 육식 조류로 동물 사체를 먹는다.
예전에는 콘도르가 사체 냄새를 맡고 무리지어 덤벼든다고 생각했다. 상승기류를 타고 올라가는 사체 냄새를 맡고 그 위치를 추측한다는 것이다.
하지만 지금은 후각이 아니라 시각으로 먹이를 발견한다는 사실이 밝혀졌다.

370

새는 어떻게 땅속 벌레를 찾아낼까?

새의 발은 무척 민감하다. 그래서 지면을 밟으면 땅속에서 움직이는 벌레의 진동을 느낄 수 있다. 즉, 발에 느껴지는 희미한 진동을 통해서 벌레가 있는 곳을 찾아내는 것이다.

더구나 새는 진동 방향도 정확하게 느낄 수 있다. 작은 새가 지면을 걸으면서 목을 갸웃거리는 것은 진동 방향을 감지하기 위한 행동이기도 하다.

이런 능력 덕분에 새는 땅속에 벌레가 어디 있고 어떤 지점에서 얼굴을 내밀려 하는지 감지한 다음 벌레가 땅속에서 얼굴을 내미는 순간 부리로 재빨리 쪼아 먹는다.

371 원숭이는 왜 털 고르기를 할까?

한가한 오후, 동물원 원숭이 우리에 가보면 털 고르기를 하는 모습을 볼 수 있다. 두 마리씩 한 쌍

이라니 너무하는거 아냐?
기가 막혀서..

을 이루고 서로의 털을 손가락을 헤치면서 골라주는 다정한 광경…….

그 모습을 보고 털 속에 있는 이나 벼룩을 잡아주는 것이라고 생각할 수 있는데, 사실은 그렇지 않다. 원숭이가 정말 더러운 환경에 있는 게 아니라면 이나 벼룩은 없다. 그렇다면 원숭이들은 왜 털 고르기를 할까?

땀이 굳어 만들어진 소금 결정체, 피부 노폐물, 먼지 등을 골라주기 위해서다. 즉, 털에 달라붙어 있는 작은 오물을 정성스럽게 떼어 내는 것이다.

원숭이의 털 고르기는 반드시 필요해서 하는 게 아니다. 그보다는 서로 좀 더 사이좋게 지내고자 배려하는 행위에 가깝다. 매일 그런 식으로 교감을 나눔으로써 원숭이들은 자기들만의 유대관계를 굳혀나간다.

372
한겨울에 온천욕을 즐기는 원숭이는 감기에 걸리지 않을까?

텔레비전에서 한겨울에 원숭이들이 마치 인간처럼 뜨거운 물에 들어가 느긋하게 온천욕을 즐기는 모습을 가끔 볼 수 있다. 그러나 원숭이는 인간과 달라서 수건을 사용하지 않는다. 따라서 젖은 몸으로 추운 물 밖으로 나와야 한다. 인간이라면 즉시 한기가 들어 감기에 걸릴 것이다.

하지만 걱정할 필요는 없다. 온천을 이용하는 원숭이는 일본원숭이뿐이다. 전 세계 원숭이들 중에서 가장 북쪽에서 서식하는 일본원숭이는 원래 추위에 강한 데다 체온 조절 능력이 뛰어나다.
온천에서 나온 뒤 체온이 내려가기 시작해도 즉시 따뜻한 피가 돌아 원래 체온으로 돌아오기 때문에 일본원숭이는 감기에 걸리지 않는다.

373
잡종견이 튼튼한 이유는?

같은 개라고 해도 혈통이 있는 순종은 설사를 하거나 피부병이 생기는 경우가 많다. 그러나 잡종견은 잡초처럼 강하고 질병도 없이 건강하게 산다.
유전학적 이유 때문이다. 개뿐 아니라 동물 잡종은 모두 부모보다 강한 형질을 타고난다. 당나귀와 말이 교배해 태어난 노새는 먹는 것도 가리지 않고 질병 저항력도 무척 강하다. 또 멧돼지와 돼지를 교배시켜 태어난 잡종 멧돼지도 병에 잘 걸리지 않을 뿐 아니라 고기 맛도 좋다.
하지만 모든 면에서 잡종이 우수한 것은 아니다. 말의 경주 본능을 예로 들 수 있는데, 이 점에서는 순수혈통인 서러브레드가 잡종 말보다 훨씬 우수하다.

374

달에서 토끼가 방아를 찧는다는 이야기의 유래는?

보름달을 보면서 방아 찧는 토끼를 연상하는 사람이 많을 것이다. 이 이야기는 옛 중국 전설에서 유래했다.

중국에서는 항아(嫦娥)라는 선녀가 두꺼비 모습으로 달에 살고 있다고 전해져왔다. 달 표면의 검은 무늬를 두꺼비에 비유한 것이다.

항아는 주인의 불로불사 영약을 훔쳐 한번에 모두 먹어버렸다. 그 때문에 몸이 가벼워져서 두둥실 떠올라 달까지 갔다. 그리고 완전히 지쳐서 두꺼비로 변했다. 그 후 항아는 불로불사약을 만들기 위해 자기가 기르던 토끼에게 약의 재료를 찧게 했다.

저 별에도 생명체가 살고 있을까?
글쎄...

절구로 약을 찧는 토끼 전설이 동아시아로 전해지면서 '달에서 방아를 찧는 토끼' 이야기가 널리 퍼지게 되었다.

375
토끼는 얼음 위에서도 뛸 수 있을까?

토끼가 깡충깡충 뛰어 앞으로 나아갈 수 있는 이유는 뒷발로 땅을 찰 수 있기 때문이다. 땅을 차면서 전진하는 것은 토끼나 사람이나 마찬가지다.
그렇다면 사람은 맨발로 얼음 위를 걸을 수 있을까? 당연히 제대로 걸을 수 없다. 차가워서 견딜 수 없기 때문이기도 하지만 그보다 미끄러워서 얼음을 찰 수 없기 때문이다.
토끼도 똑같다. 미끄러지는 얼음 위에서는 토끼도 뛰지 못한다.

376
겨울잠을 자는 곰은 소변도 전혀 보지 않을까?

곰에게는 동면중추신경이 있다. 이 신경의 활동으로 곰은 가을이 되면 나무 열매나 작은 동물을 닥치는 대로 잡아먹고 피하지방을 늘린다. 그리고 숲에서 먹이가 사라지는 겨울에는 동굴 같은 곳에 틀어박혀 겨울잠을 잔다.
3개월에 이르는 그 기간에 곰은 아무것도 먹지 않는다. 그래도

굶어죽지 않는 이유는 피하지방을 분해해 생명활동을 할 수 있는 에너지원으로 바꾸기 때문이다.

곰은 겨울잠을 자는 동안에는 배설도 전혀 하지 않는다. 동물은 기본적으로 생명활동을 계속하는 한 음식을 먹지 않더라도 혈액 속에 요소라는 독소가 고인다. 그래서 소변을 통해 몸 밖으로 배출해야 살 수 있다. 사람은 이틀 동안 소변을 보지 않으면 혈액 속 요소가 배출되지 못하고 온몸으로 퍼져 신장 등 장기에 나쁜 영향을 미칠 수 있다.

하지만 곰은 겨울잠을 자는 동안 동면중추신경이 요소의 생성을 억제하는 크레아티닌을 생성한다. 이 물질 때문에 3개월 동안 소변을 보지 않아도 아무 이상 없다.

377

여우가 사람을 농락한다는 이야기가 퍼진 이유는?

옛날이야기 가운데 여우가 사람을 속이는 내용이 있어 여우에 대한 부정적인 이미지가 널리 펴져 있다. 그런 이야기가 생겨난 것은 여우의 식생활 때문이다.

육식동물인 여우는 잡은 동물의 고기를 일단 땅속에 묻었다가 파내서 먹는 습성이 있다. 이와 연관지어서 땅속에 묻혀 있던 사체의 인 성분이 타오를 때 발산되는 도깨비불을 보고 여우들이 모여든다는 말이 나돌았다. 실제로 여우는 매장된 사체를 파내어 그 살을 먹는 경우도 있었다.

그런 점 때문에 여우는 요괴라거나 사람을 속이는 요물이라는 이미지가 형성된 것이다.

378

검은 고양이가 악마의 하수인이 된 이유는?

5세기부터 14세기까지 검은 고양이는 행운의 상징이었다. 그 바탕에는 고대 이집트의 고양이 숭배사상이 있었다. 그러나 더 큰 이유는 한 번씩 도시 전체를 휩쓸고 지나가곤 하던 페스트 때문이었다. 쥐를 잡는 고양이를 소중히 여기지 않을 수 없었던 것이다.

그런데 15세기가 되자 검은 고양이는 악마의 하수인으로서 박해를 당하게 되었다. 고양이를 너무 소중하게 대한 탓에 마을에 길고양이가 넘쳐났기 때문이다. 특히 어둠 속을 어슬렁거리는 검은 고양이를 기피하게

우리는 희생양
마녀 할멈~
제발 차별 좀 하지 마라냥..
BLACK is Beautiful!

되었다.
마침 유럽 전역에서 마녀사냥 바람이 일어나 혼자 사는 노파들이 마녀로 의심을 받았다. 그들 중에는 길고양이에게 먹이를 주거나 고양이를 기르는 사람도 많았다. 그래서 '검은 고양이는 마녀의 하수인'이라는 사고방식이 전 유럽으로 확산한 것이다.

379
독살 당한 동물을 먹어도 될까?

미국이나 중남미에는 독화살로 사냥을 하는 부족이 있다. 그렇다면 독살 당한 동물도 먹을 수 있을까? 먹을 수 있다.
동물을 찌른 독화살의 독은 직접 혈액 속으로 들어가 이윽고 온몸으로 퍼진다. 그 때문에 동물은 신경이 훼손되고 호흡 곤란 상태에 빠져 죽는다. 그 동물의 고기가 사람 몸에서 완전히 소화될 때까지 몇몇 필터를 거쳐야 한다.
예를 들어 단백질로 이루어진 독은 산성에 약해 우선 위산에 의해 분해된다. 위장에서 분해되지 않더라도 십이지장이나 장의 벽은 통과하기 어렵기 때문에 결국 몸 밖으로 배설된다. 만약 장에서 흡수되었다고 해도 간에서 해독된다. 그리고 담즙에 의해 분해된다. 이렇게 많은 필터를 통과하면 설사 혈액에 도달한다고 해도 사람이 목숨을 잃을 정도에는 미치지 못한다.

380
독이 가장 강한 생물은?

자연계에는 독을 가진 생물이 많다. 그중 가장 강력한 독을 지닌 생물은 무엇일까?

전갈도 아니고 뱀도 아니다. 카리브해에 있는 말미잘이 제일 강력하다. 그 다음이 남미의 독 개구리로 그 독을 이용해 독화살을 만든다. 세 번째 맹독이 복어. 물론 복어는 먹지 않으면 괜찮으니까 크게 걱정할 필요는 없다. 네 번째에야 비로소 전갈이 등장하고 다섯 번째가 뱀이다. 독거미는 그 다음. 원래 거미의 독은 벌레를 잡기 위한 것이기 때문에 양이 적어서 사람이 죽을 가능성은 별로 없다.

381
동물은 왜 누워서 자지 않을까?

사람이 키우는 개나 고양이라도 모르는 손님이 있을 때는 절대로 드러눕지 않는다. 동물 입장에서 배를 드러내 보이는 것은 약점을 알려주는 행동이기 때문이다. 따라서 야생동물이 드러눕는 경우는 새끼가 형제나 부모와 장난칠 때를 제외하고는 거의 없다. 이처럼 드러눕는 자세는 자연계에서는 무척 위험하다.

야생에서 태연히 드러눕는 동물은 먹이사슬 정상을 지키는 백수의 왕 사자 정도다.

382

동물이 방사능 때문에 거대해질 수 있을까?

방사능을 쬔 생물이 거대 괴수가 된다. 괴수 영화의 한 패턴이다.

미국 생물학자 허먼 조지프 멀러는 초파리에게 X선을 비추면 기형이 된다는 사실을 증명해 1946년 노벨상을 수상했다. 방사능을 쬔 생물이 돌연변이를 일으킨다는 괴수 영화의 발상은 이 연구에서 비롯되었다. 멀러의 연구는 방사능으로 농작물의 염색체를 조작해 품종을

개량하는 일 등에 응용되고 있다. 그러나 아직까지는 방사능 때문에 생물이 거대해졌다는 보고는 없다.

383 초식동물이 독초를 먹으면 어떻게 될까?

말 같은 초식동물은 독이 있는 식물을 잘 알고 있기 때문에 독초를 먹는 경우는 거의 없다. 하지만 그런 초식동물도 옛날에는 실수를 많이 했던 듯하다. 그 증거가 '한자'에 남아 있다.

까짓거 오늘은 한번 갈 때까지 가 본다!
여기 마취목술 한 병 더!
실연당한 마군
마군아 오늘 너무 무리하는 거 아님?

예를 들어 마취목이라는 유독식물은 한자로 馬醉木이라고 쓴다. 사람이 마취목을 먹으면 호흡중추가 마비되고 손발이 저려온다. 말이 먹어도 마찬가지로 사지가 저려 술에 취한 것처럼 비틀거린다고 한다. 옛사람들이 말의 그런 모습을 직접 보고 馬醉木이라는 한자를 만들었을 것으로 추측된다.

음식의 역사는 식중독의 역사라고 할 수 있다. 사람과 마찬가지로 말 같은 초식동물도 독초를 먹었다가 호된 경험을 하면서 먹을 수 있는 풀과 그렇지 않은 풀을 구분할 수 있게 되었을 것이다.

384
뱀은 왜 혀를 날름거릴까?

뱀은 혀를 날름거리면서 먹잇감을 향해 다가간다. 마치 먹잇감을 위협하는 것처럼 보이지만 사실은 그렇지 않다. 부채 대신 혀로 자신에게 바람을 보내는 것이다. 먹잇감의 냄새를 맡아서 그 위치와 크기 등을 더욱 정확하게 파악하기 위해서다.

그런데 뱀에게는 코가 없다. 대신 위턱 안쪽에 야콥슨 기관(Jacobson's Organ)이라는 후각기관이 있다. 그래서 혀를 날름거리며 포착한 먹잇감의 냄새 입자를 입속으로 보내 야콥슨 기관에 전달한다.

385

뱀이 뱀을 삼킬 수 있을까?

뱀은 자기와 같은 길이의 뱀을 간단히 삼켜버린다. 자기와 비슷한 크기의 뱀을 사냥하는 뱀도 있고 종류에 따라서는 자기보다 덩치가 큰 뱀이라도 삼킨다. 입 주변 근육을 적절하게 움직여 천천히 삼키는 것이다.

뱀이 자기보다 몸집이 큰 동물도 삼킬 수 있는 이유는 입이 상하 180도까지 벌어지기 때문이다. 더구나 아래턱뼈가 내려가고 좌우로도 넓게 벌릴 수 있기 때문에 입을 한껏 벌리면 커다란 먹이도 충분히 삼킬 수 있다.

또 뱀은 갈비뼈의 탄력이 매우 좋고 몸도 늘어날 수 있어 먹이를 삼킬 때 갈비뼈가 넓게 벌어진다.

물론 큰 동물이 저항하면 아무래도 삼키기 어렵기 때문에 죽은 동물이나 죽어가는 동물을 주로 삼킨다.

여보, 당신 덩치가 좀 커진듯?
방금 보아뱀 한 마리를 삼켰거든..
숨쉬기가 힘들어...

386

안내견은 신호를 어떻게 구분할까?

일반적으로 개나 고양이처럼 원래 야행성이던 동물은 색깔을 구별하지 못한다고 한다. 그렇다면 눈이 자유롭지 못한 사람을 안내하면서 신호도 구분할 줄 아는 안내견은 정말 특별한 존재가 아닐 수 없다.

그러나 안내견도 색깔을 식별할 수 없다. 그렇다면 어떻게 신호 색깔이 바뀌는 것을 알 수 있을까? 안내견은 색깔은 구별하지 못하지만 색깔이 발산하는 파장을 느낄 수 있다. 신호기 색깔은 각각 다른 파장을 발산한다. 색깔을 구별할 줄 모르는 개의 입장에서 볼 때 그것은 희미한 명암 차이에 지나지 않지만 오랜 시간 동안 훈련받으면 명암의 변화를 구별할 줄 알게 된다.

안내견은 자기 눈의 핸디캡을 노력을 통해 극복하고 눈이 자유롭지 못한 사람들의 지팡이가 되어주는 고마운 존재다.

387

모기는 어떻게 혈관을 찾을까?

모기는 눈이 아닌 탄산가스로 먹이를 찾는다. 사람이 내쉬는 숨에는 많은 탄산가스가 포함되어 있다. 사람은 그 냄새를 맡지 못하지만 모기는 맡을 수 있다. 모기는 냄새를 근거로 사람에게 다가가 피부가 드러나 있는 부분, 즉 혈관이 있는 부분을 찾아낸다. 이때도 역시 냄새에 의존한다. 사람의 피부에서는 아미노산 등의 냄새가 발산된다. 그리고 사람의 체온도 모기가 피부와 혈관을 찾는 중요한 포인트다. 즉, 사람이 내쉬는 숨결 냄새, 피부 냄새, 그리고 온도를 바탕으로 모기는 혈관을 정확하게 찾아낸다.

388

소금쟁이는 땅 위에서도 걸을 수 있을까?

소금쟁이는 물 위를 자연스럽게 미끄러진다. 그렇다면 땅 위에서는 어떻게 될까?

소금쟁이는 땅 위에서도 걸을 수 있다. 뿐만 아니라 대부분의 시간을 땅 위에서 생활한다. 소금쟁이가 물 위에 있는 것은 생식과 식사를 할 때뿐이다. 물에 떨어져 움직이지 못하는 작은 벌레를 노리고 있다가 약한 진동이 느껴지면 물 위로 떨어진 벌레에게 재빨리 다가가 바늘 같은 입으로 먹잇감의 몸을 찔러서 체액을 빨아먹는다.
소금쟁이는 적이 많은 땅 위에서는 그늘 등에 몸을 숨기고 있는 경우가 많다. 그래서 땅 위에서는 좀처럼 눈에 띄지 않는다.

9장
흥미만점,
아드레날린
폭발하는
스포츠
통조림

389

축구 경기 시간은 왜 90분일까?

축구 경기 시간이 90분으로 정해진 것은 영국에서 축구선수권대회(FA Cup)가 시작된 1871년의 일이다. 이유는 분명하지 않지만 그 전까지 축구 경기는 세 시간 넘게 진행되곤 했다. 그러고도 어느 한쪽이 승리할 때까지 연장전을 되풀이했다. 그러다 우여곡절 끝에 경기 시간이 90분으로 정해지면서 선수는 물론 관객 입장에서도 부담이 많이 줄어들었다.

덧붙여 당시에는 로스타임이 없었다. 시합은 무슨 일이 있어도 정확하게 90분 후에 끝났다. 예를 들어 1대 0으로 패하고 있던 팀이 종료 직전 페널티킥 기회를 얻었다고 해도 굴러가는 공을 주우러 가는 동안 시간이 지나가면 게임은 그대로 끝났다. 1891년 시합에서 실제로 이런 일이 있은 후 로스타임을 적용하게 되었다.

390

축구에서 스로인을 왜 두 손으로 할까?

축구에서는 공이 터치라인을 벗어나면 두 손으로 공을 던져 경기를 다시 시작한다. 이것이 '스로인'인데 처음에는 스로인을 할 때 두 손이 아닌 한 손으로 공을 던졌다. 두 손으로 던지게 된 것은 1882년부터다. 영국에서 크리켓 선수 출신의 윌리엄 건이라는 선수가 등장하면서 규칙이 개정된 것이다. 건은 어깨가 강해서 한 손으로 공을 54미터 가까이 던질 수 있었다. 그러자 어깨가 강한 선수를 둔 팀에서 스로인이 강력한 공격 무기가 되었다. 당시에는 스로인으로 직접 골을 노리는 일도 있었다. 그러나 이런 식으로 점수를 따면 축구라고 말하기 어렵다. 축구는 발을 이용하는 스포츠이기 때문이다. 그래서 스로인의 공격성이 강화되지 않도록 공을 두 손으로 던지는 규칙을 만든 것이다.

391 오프사이드는 왜 반칙인가?

축구에서는 상대 팀 수비수보다 더 골대 가까이에 있는 같은 편 선수에게 패스하면 오프사이드 반칙이 된다. 왜 축구와 럭비에는 오프사이드 반칙이 생겨났을까?

한 마디로 말해 영국인이 '비겁한 행동'을 매우 싫어하기 때문이다. 축구의 원형으로 알려져 있는 스트리트풋볼은 마을 대항전으로, 수백 명이나 되는 남자들이 뒤섞인 집단격투기 같은 것이었다. 이 게임은 골이 들어가면 끝났기 때문에 참가자들은 한 덩어리가 되어 공을 몰고 가야 했다. 그런 격렬한 쟁탈전에서 혼자 벗어나 있다 기회를 노리는

골 좀 넣어보겠다는데…
췟
창피한 줄 알아!
아예 눌러앉지!
사내녀석이 비겁하게…

것은 '남자답지 않은 비겁한 행위'로 여겼다. 이런 발상을 정식 규칙으로 만든 것이 오프사이드다.

392

축구에서는 왜 옆줄을 '터치라인'이라고 부를까?

축구나 럭비에서는 사각형 옆 라인을 '사이드라인'이라고 하지 않고 '터치라인'이라고 한다. 그곳에 특별히 터치할 만한 뭔가가 있는 것도 아닌데 왜 '터치'라고 표현할까?

19세기 중반, 영국 사립중등학교에서 축구의 원형인 풋볼이 성황을 누리고 있었다. 당시에는 공이 사이드라인 밖으로 나가면 밖으로 나간 공을 가장 먼저 '터치'한

선수가 스로인을 할 수 있었다. 그래서 라인 바깥쪽을 '터치 에어리어', 그 경계선을 '터치라인'이라고 부르게 되었다.

393 축구의 핸들링 반칙은 어디까지?

축구에서는 골키퍼 이외에는 공에 손을 대면 안 된다. 손을 대면 핸들링 반칙이 적용된다.

핸들링은 '공을 손으로 다룬다'는 의미다. 그렇기 때문에 우연히 손에 닿았다고 해서 모두 핸들링 반칙이 되는 것은 아니다. 상대 팀 선수가 '핸들링'이라고 소리치면서 항의해도 일부러 손을 댄 것이 아니라면 반칙으로 인정하지 않는다. 대신 고의라면 손뿐 아니라 팔이 닿았어도 핸들링 반칙에 해당한다.

394 축구공은 왜 흰색과 검은색으로 이루어져 있을까?

최근에는 축구공이 다양한 색으로 디자인되지만 축구공 하면 딱 떠오르는 무늬는 흰색과 검은색 오각형이 기본을 이룬 것이다.

그런데 축구공은 원래 흰색 배구공이나 갈색 농구공처럼 단색이었다. 1966년

잉글랜드 월드컵 대회 공인구도 농구공처럼 생긴 갈색 공을 사용했다. 그러다 1970년 멕시코 월드컵부터 흰색과 검은색 무늬가 섞인 공 '텔스타'가 등장했다. 일본의 스포츠 용품 회사로 공을 전문적으로 만들던 모르텐사가 개발한 이 무늬는 1965년에 특허를 취득했다. 그리고 아디다스사와 계약해 전 세계로 판매를 확장했다.
이처럼 공인구 디자인을 바꾼 이유는 TV 중계와 관련 있다. 당시 흑백 TV 화면에서 갈색 축구공과 잔디구장 모두 회색으로 보여 눈에 잘 띄지 않았다. 흰색과 검은색 오각형 무늬 축구공은 흑백 TV 화면에서 선명하게 구분되었다. 나아가 공의 회전 모습까지 잘 보이게 됨으로써 선수는 공의 회전 방향이나 코스를 예상하며 경기를 읽는 폭이 넓어졌다. 관객 역시 단색 공일 때보다 훨씬 더 박력감이 느껴진다며 호평을 쏟아냈다.

395 권투에서 글러브를 끼는 이유는?

맨손과 글러브를 낀 손 중 어느 쪽으로 얻어맞는 것이 더 충격이 클까? 정답은 글러브다.
권투 선수가 착용하는 글러브 무게는 200~400그램으로 무게가 증가한 만큼 펀치 위력도 커진다. 하지만 글러브를 착용하는 이유는 상대방에게 더 큰 충격을 주기 위해서가 아

어느 쪽으로
맞을까?
오줌
쌌대요~

니라 선수의 손을 보호하기 위해서다.

권투는 18세기 영국에서 탄생했는데, 그 당시에는 맨손으로 싸웠다. 그래서 스포츠라기보다는 무술에 가까운 느낌이었다. 그로부터 얼마 지나지 않아 경기 규칙이 확립되면서 글러브를 착용하게 되었다. 그러나 그보다 훨씬 전부터 선수들은 주먹을 보호하기 위해 부드러운 송아지 가죽을 가늘게 잘라서 손에 감았다. 옛날 사람들도 당연히 안전에 신경 썼다.

396

경주마는 정말 이기고 싶어서 달리는 것일까?

말은 머리가 좋은 동물이다. 기수의 기량은 물론 기수가 기뻐하는지 실망하는지도 확실하게 간파할 줄 안다. 그렇다면 말은 경주가 시작되기 전에 최선을 다해 이기려는 기수의 마음을 알아차리고 어떻게든 이기겠다는 생각으로 달릴까?

유감스럽게도 말은 경주의 승패, 즉 다른 말과의 경주를 의식하지 않는다. 마구간에 갇혀 있다 갑자기 끌려 나와 무리지어 정신없이 달려야 하는 상황에 놓이다 보니 기수가 이끄는 대로 어쩔 수 없이 달리는 것뿐이다. 마지막 직선코스에서 전력 질주하는 것 역시 다른 말과의 경쟁에서 이기기 위해서가 아니고 기수를 기쁘게 해주기 위해서다.

397

경주마는 왜 둘째가 강할까?

동양에서는 처음에 태어난 말에게 주목하는 경우가 많다. 명마끼리 교배해서 태어난 말 중에서도 첫째에게 눈길이 간다. 그런데 미국 축산학자가 과거 100년 동안 평생 100만 달러가 넘는 상금을 탄 경주마를 조사해보았다. 그 결과 둘째가 가장 많았고 그 다음이 셋째, 그 다음이 첫째였다고 한다. 왜 둘째가 가장 강할까?

힌트는 어미 말의 육체적 컨디션에 있다. 암말의 출산적령기는 6~12세다. 이때가 되면 완전히 성장한 몸이 튼튼해져서 건강한 난자를 생산하는데 이 시기에 태어나는 말이 대부분 둘째다. 실제로 출산 연령과 비교해 일류 명마가 탄생할 확률을 조사해보면 암말이 9세일 때가 14퍼센트로 가장 높다. 그리고 16세가 지나면 1퍼센트 이하가 된다는 사실이 밝혀졌다.

398

핸디캡과 캡(모자)은 어떤 관계가 있을까?

핸디캡은 경마에서 탄생한 단어로 여기에서 '캡(cap)'은 '모자'를 가리킨다. 일찍이 영국에서 경마는 귀족의 놀거리였다. 그들은 늘 같은 말이 승리하면 재미가 없다는 이유에서 당시로서는 획기적인 아이디어를 내놓았다. 바로 말에 따라 짊어지는 짐의 무게를 바꾸기로 한 것이다. 한데 자존심 강한 귀족(말 주인)들은 서로 더 많은 중량을 짊어지겠다고 나섰다. 자기 말이 약하다는 사실을 인정하고 싶지 않았기 때문이다. 그래서 모두의 자존심을 상하지 않게 하면서 경마를 즐길 수 있도록 제비뽑기를 하기로 했다. 모자 안에 제각각 무게를 적은 종이를 넣고 말 주인들이 하나씩 뽑는 방식이었다. 여기에서 '모자 안에 손을 넣는다'는 의미인 hand in cap이 한 단어가 되어 핸디캡(handicap)이라는 말이 탄생했다.

399

'골프'라는 단어의 기원은?

'골프(golf)'라는 단어는 15세기에 탄생했다. 골프 발상지인 스코틀랜드어의 고어(古語)에서 유래했다는 설과 네덜란드에서 건너왔다는 설이 있다.
스코틀랜드어 고어 설에서는 목장 양치기가 즐기던 고우프(gowf)를 어원으로 본다. 고우프는 작은 돌멩이를 지팡이로 쳐서 멀리 날리는 놀이로, 이것이 변하여 골프가 되었다는 주장이다.
한편, 네덜란드에서 건너왔다는 설에 따르면 옛날부터 아이스하키와 비슷한 콜프(kolf)라는 게임이 있었고 이 말이 스코틀랜드로 전해져서 골프가 되었다고 한다.

400

골프에서 '나이스 샷'과 '굿 샷'의 차이는?

골프에서는 파트너가 멋진 타구를 날리면 '나이스 샷'이라고 칭찬해주는 것이 매너다. 우리는 주로 '나이스 샷'이라고 하지만 미국인은 '굿 샷'이라고 하는 경우가 많다.

'굿(good)'과 '나이스(nice)'는 둘 다 '좋다'는 의미지만 미묘한 어감 차이가 있다. 예를 들어 He is a good man을 '그는 훌륭하고 공정한 사람이다'라고 해석하듯이 '굿'은 '객관적으로 보았을 때 좋은 사람이다'라는 의미다. 한편 He is a nice guy라고 하면 '그는 좋은 사람이다'라고 옮기듯 '나이스'에는 '주관적으로 보았을 때 좋은 사람이다'라는 의미가 강하다. 그렇다면 접대 골프를 칠 때는 '나이스 샷'이라고 표현하는 것이 더 적절하다고 할 수 있다.

……
사장님 나이샷~

401 기록을 내기 쉬운 수영장의 수온은 몇 도일까?

일반적인 수영장의 수온은 28~29도로 우리는 약간 미지근한 물에서 수영을 한다. 그러나 이 온도에서는 수영대회를 개최할 수 없다. 높은 수온 때문에 선수들이 물속에서 땀을 많이 흘리게 되어 체력 소모가 심해지기 때문이다. 이래서는 기록 갱신을 기대하기 어렵다. 그렇다면 기록을 내기 쉬운 수온은 어느 정도일까?

올림픽 등의 국제대회에서는 수온을 24~25도로 정해두고 있다. 일반인에게는 꽤 차가운 느낌이 드는 온도지만 선수들은 이 정도는 되어야 체력을 쓸데없이 낭비하지 않는다. 또 근육이 부드럽게 움직이기 때문에 신기록도 기대할 수 있다.

402 수영의 파울을 어떻게 판정할까?

육상경기에서는 '준비' 신호 이후 권총 소리가 울릴 때까지 몸이 조금이라도 움직이면 파울이다. 더구나 발을 걸치는 스타팅블록에 판정 장치가 있어서 발로 찰 때 압력을 센서로 포착한다. 그러면 경보음과의 시간 차이를 판정할 수 있다. 그렇다면 수영은 어떨까?

대부분의 종목은 아직 사람들 눈에 의지한다. 그러나 눈으로 판단하기 어려운 릴레이 종목은 육상경기와 유사한 판정 장치를 활용하고 있다.

그 구조는 이렇다. 우선 기계가 첫 번째 선수의 터치를 감지한다. 이 터치와 동시에 뛰어드는 다음 선수의 점프대에도 센서 장치가 있어 점프대 위에 올라서는 선수의 무게가 사라지는 순간 신호를 보낸다. 이렇게 양쪽 센서가 보내는 신호를 비교했을 때 물속으로 뛰어드는 선수의 신호가 빠를 경우 파울에 해당해 실격된다.

403

경기용 수영복은 물의 저항을 어떻게 줄일까?

경기용 수영복을 개발하는 스포츠용품 회사에서는 물의 저항을 줄이기 위해 많은 지혜를 짜낸다. 지금까지 나온 다양한 노력 중 수영복 소재를 미끄럽게 만드는 방법과 상어 가죽처럼 거칠게 만드는 방법이 효과가 좋았다.

미끄럽게 만드는 방법은 천 표면의 우둘투둘한 부분을 없애는 방식이다. 실험을 통해 얇은 천일수록 저항이 적다는 사실이 밝혀졌는데 현 시점에서의 한계는 0.5밀리미터다. 그래서 섬유를 엮을 때 생기는 표면의 요철을 가능한 한 줄여서 좀 더 얇은 천을 만들기 위해 노력하고 있다.

한편, 상어 가죽처럼 거친 수영복은 말 그대로 상어에게서 힌트를 얻은 것이다. 상어는 가죽에 V자 고랑이 있어서 빠른 속도로 헤엄칠 수 있다. 상어가 헤엄을 치면 주위에 큰 물결이 생겨 저항이 증가한다. 이때 V자 고랑이 물결을 줄여주는 작용을 한다. 이를 응용한 상어 가죽 같은 수영복에는 깊이 0.1밀리미터, 폭 0.5밀리미터의 가느다란 고랑이 1밀리미터 간격으로 있다. 최첨단 과학을 바탕으로 물의 저항을 줄이려는 경쟁은 앞으로도 계속 이어질 것이다.

404

수중발레 선수들은 풀 안에서 어떻게 음악을 들을까?

물속에서 일제히 얼굴을 내미는 수중발레 선수들은 한결같이 아름다운 미소를 지어 보이며 연기한다. 그리고 음악에 맞춰 크고 화려한 동작으로 춤을 춘다. 그런데 객석에서는 스피커에서 흘러나오는 음악이 확실하게 들리지만 물속에서도 잘 들릴까? 선수들은 감각에만 의지해서 연기를 하는 것일까?

풀 안에 들어가 보면 이 의문은 즉시 풀린다. 풀 안에도 수중 스피커가 설치되어 있기 때문이다. 물속에서는 소리가 전파나 빛보다 더 멀리 전달된다. 그래서 선수들은 물속에서도 음악을 들으며 멋진 연기를 펼칠 수 있는 것이다.

405

마이클 조던은 왜 공중에서 정지해 있는 것처럼 보일까?

나이키가 개발한 농구화 '에어 조던'은 폭발적인 히트를 기록했다. 이 신발에는 마이클 조던이 두 발을 벌리고 뛰어올라 농구공을 한 손으로 높이 치켜들고 있는 실루엣 마크가 있다. 조던의 체공 시간은 매우 길어 보인다. 수비하는 선수가 막아도 공중에서 피한다. 또 사람을 뛰어넘듯 공중으로 뛰어올라 골을 넣는다. 이 모든 게 조던만 가능했던 특수 능력이었을까?

닮았지?
닮았지?

그렇지 않다. 다른 선수도 조던에 뒤지지 않는 점프력을 가지고 있다. 그런데 왜 조던만 특별하게 마치 공중에서 멈춘 것처럼 보였을까? 여기에는 다음과 같은 이유가 있다.

선수가 점프를 한 후 공을 놓으면 사람의 눈은 자연스럽게 공을 따라간다. 공을 놓는 타이밍이 빠를수록 선수가 이후 공중에 얼마나 오랫동안 머물러 있는지는 아무도 보지 않는다. 그러나 조던은 몸이 바닥으로 떨어지는 순간까지 공을 놓지 않고 공중에서 다양한 동작을 보여준다. 그렇기 때문에 사람들의 눈은 조던에게 오랫동안 머물러 있게 되고 공중에서 마치 정지해 있는 것처럼 보이는 것이다.

406

마라톤 선수들이 마시는 스페셜드링크의 내용물은?

마라톤 선수가 달릴 때 가장 중요하게 보충해야 하는 영양소는 글리코겐과 지방이다. 글리코겐은 다당류의 일종으로 포도당 등으로 간단히 분해되어 몸을 움직이는 에너지원이 된다. 지방 역시 장거리를 달리는 마라톤 선수에게는 매우 중요한 에너지원이다. 이들을 보충하기 위해 선수들은 5킬로미터마다 설치되어 있는 급수대에서 스페셜드링크를 마신다.

어떤 선수는 스페셜드링크를 두 종류 준비한다. 하나는 에너지

원인 글루코오스(당질)가 녹아 있는 차. 또 하나는 땀으로 배출되는 나트륨이온(염분)이 녹아 있는 스포츠음료. 스포츠음료 안에는 지방을 분해해 에너지로 바꿔주는 아미노산 계통의 물질도 포함되어 있다. 한 번에 2,000킬로칼로리가 소비되는 마라톤에서는 스페셜드링크 내용물에 따라 승패가 좌우되기도 한다. 제때 전해질을 보충해주지 않으면 피로가 쌓여 심할 경우 근육경련까지 일어나기 때문이다.

407 릴레이 마지막 주자를 '앵커'라고 부르는 이유는?

릴레이 마지막 주자를 영어로 '앵커맨(anchor man)'이라고 한다. 본래 앵커는 '배의 닻'을 가리킨다. 닻은 배를 정박해두기 위해 밧줄이나 사슬을 연결해 바닥에 고정시키는 추다. 이 '앵커'가 처음 등장한 스포츠는 줄다리기 경기였다. 상대에게 끌려가지 않도록, 마치 배를 고정시키듯 밧줄 끝을 붙잡고 있는 사람을 '앵커'라고 불렀다. 이후 다른 스포츠에서도 등장하게 되면서 릴레이 마지막 주자도 '앵커'라고 부르게 되었다. 덧붙여, 텔레비전이나 라디오에서 뉴스를 진행하는 아나운서, 신문 취재기사를 마지막으로 정리하는 사람도 '앵커 맨'이라고 부른다. 모두 '맨 마지막'이면서 '중요한 포지션'이라는 의미다.

408
배드민턴 유니폼은 왜 흰색일까?

19세기 인도와 영국을 중심으로 널리 확산된 배드민턴 경기의 원래 유니폼은 위에서부터 아래까지 흰색이었다. 이 흰색에는 깊은 의미가 있다.

옛날에 배드민턴은 귀족 같은 특권계급이 홈 파티처럼 즐긴 스포츠였다. 여성은 소매가 긴 흰색 블라우스에 흰색과 검은색 롱스커트, 남성은 소매가 긴 흰색 와이셔츠에 흰색 계통 긴 바지를 걸쳤으므로 마치 무도회에서 춤추듯 우아한 모습으로 배드민턴을 즐겼다. 이때의 복장을 통해서도 알 수 있듯 흰색은 예로부터 비교적 고귀한 신분을 나타내며 특권계급이 사용하는 색깔이었다. 배드민턴 유니폼이 흰색인 이유는 그 때문이다.

이 밖에도 흰색에는 몸가짐을 단정히 한다는 깨끗한 이미지뿐 아니라 공정하고 정의로운 이미지가 있다. 그래서 승패와 관련된 스포츠에서 즐겨 사용하게 되었다는 설이 전한다.

오늘날에는 배드민턴 유니폼의 특정 색깔을 규정하지 않고 자유롭게 입도록 허용한다. 남성은 소매가 있거나 없는 폴리에스테르 셔츠와 반바지, 두꺼운 양말, 배드민턴 신발을 신는다. 여성은 소매가 있거나 없는 폴리에스테르 셔츠와 스커트에 반바지 또는 폴리에스테르 치마바지, 두꺼운 양말, 배드민턴 신발을 신는다.

409

테니스 유니폼은 왜 흰색일까?

테니스의 원조는 '폼(paume)'이라는 실내경기로 프랑스 귀족 사이에서 시작되었다. 이 폼이 영국으로 건너가 실외에서 하는 테니스로 발전했다. 하지만 테니스도 처음에는 상류 계급만 즐기는 스포츠였다. 그런 만큼 매너나 패션 규칙이 무척 엄격했다.

테니스 유니폼이 흰색으로 통일된 이유와 관련해 색깔 있는 옷이 땀으로 얼룩지는 것을 점잖지 못하게 여겨 흰색 옷을 입는 관습이 생겨났다고 전해진다. 1877년 제1회 윔블던 대회가 개최되었을 때 남성은 흰색 긴 바지, 여성은 흰색 롱스커트를 입어야 출전할 수 있었다. 관객의 복장도 정해져 있었다. 남성은 실크해트에 프록코트나 모닝코트를 착용해야 하고 여성은 흰색 롱스커트에 보닛을 걸쳐야 했다.

윔블던 대회는 엄격한 드레스 코드를 여전히 고수하고 있다.

"선수는 코트 주변에 입장하는 시점부터 거의 흰색 테니스 복장을 착용해야 하며, 경기 도중 보이는 모든 부분은 속옷 포함 흰색이어야 한다. 테두리에는 폭 1센티미터를 넘지 않는 선에서 단일 색상을 쓸 수 있다."

심판과 스태프까지 지정된 랄프 로렌 유니폼을 착용해야 하는 만큼 관객들 또한 패션쇼장에 가듯 옷매무새를 신경 쓴다.

360도
회전동영상!
파노라마
사진이
따로 없군.
9시 방향
졸고 있는 녀석
대체 뭐야!
오옷!
3시 방향에
미인 발견!
어린 시절부터
훈련을 쌓아서
익숙해진 상태.

410 일류 운동선수가 의외로 체력이 약한 이유는?

사람의 몸은 상피조직, 지지결합조직, 신경조직, 근육조직으로 구성되어 있는데 보통 사람의 경우 그 비율은 1:4:4:1 정도다. 몸을 단련하면 이 중에서 근육조직 비율이 증가하고 결합조직 비율이 줄어든다. 보통 사람은 어느 정도 심하게 운동을 하더라도 지방조직이 줄어드는 정도에서 그치지만 일류 운동선수처럼 과도한 운동을 하면 면역기능을 담당하는 림프구까지 감소해버린다.

철인경기인 트라이애슬론 선수의 림프구를 조사했더니 경기 후 선수의 림프구가 평상시의 80퍼센트 정도까지 줄어든 사실이 밝혀졌다. 더구나 바이러스를 공격하는 역할을 담당하는 내추럴킬러(NK) 세포는 절반으로 줄었다. 심하게 운동하면 저항력이 떨어져서 바이러스성 질병에 걸릴 확률이 높아진다.

411 피겨스케이트 선수는 스핀을 해도 어지럽지 않을까?

피겨스케이트 선수는 타고난 초인적 인간이라 그렇게 많은 스핀을 돌아도 어지럽지 않은 것일까? 그렇지 않다. 피겨스케이트 선수도 보통 사람과 마찬가지로 어지러움을 느낀다. 단, 원래 상태로 돌아가는 회복 능력이 상대적으로 빠를 뿐이다.
사람이 어지러움을 느끼는 기관은 내이의 세반고리관, 안구, 그리고 근육이나 심줄 깊은 부분에 위치한 지각기관이다. 어지럽기 시작하면 이런 기관들은 몸의 회전을 의식해 균형을 유지하려 한다.
예를 들어 안구는 테니스의 랠리를 지켜보고 있을 때처럼 회전 방향으로 눈길을 향했다가 다음에는 반대쪽으로 이동했다가 다시 회전방향으로 재빨리 되돌아가는 움직임을 되풀이하면서 균형을 유지하려 한다.
평범한 사람은 도는 속도가 너무 빠르면 균형을 유지하려는 움직임이 도는 속도를 따라가지 못해 매우 어지럽다. 그러나 피겨스케이트 선수는 어린 시절부터 오랜 시간 훈련했기 때문에 빠른 회전운동에도 시스템이 따라갈 수 있다. 즉, 어지러움을 느끼기는 하지만 원래 상태로 재빨리 돌아가는 능력이 뛰어난 것이다.

412
아이스하키 퍽은 왜 평평할까?

빙상의 격투기라고 불리는 아이스하키. 선수들이 좇아다니는 것은 '퍽(puck)'이라고 불리는 작은 고무 원반이다.
퍽은 원래 공 같은 모양이었다. 아이스

하키의 기원으로 여겨지는 '밴디(bandy)'라는 게임이 있었다. 아이스하키보다 네 배나 큰 링크에서 상대방 골에 공을 넣는 게임이다. 이 밴디에서 사용한 것이 지름 6센티미터의 공이었다. 넓은 링크에서는 공이 허공을 날아다녀도 괜찮았다. 하지만 링크가 좁아지면서 공을 위로 날려 패스하는 것보다 얼음판 위로 미끄러트려 주고받는 방법을 더 많이 사용하게 되었다. 그래서 공도 원반 모양으로 바뀌었다.

413 스키의 원래 의미는?

스키의 역사는 무척 오래되었다. 지금까지 발견된 것 중 가장 오래된 스키 도구로 보이는 유적이 러시아에서 나왔는데 그 시기는 기원전 6000년까지 거슬러 올라간다. 그러나 스키의 기원이나 발상지와 관련해서는 여러 가지 설이 분분하다.

한편 어원은 확실하다. 스키는 '쪼개다, 가르다'라는 의미의 라틴어 스킨데레(scindere)에서 유래했다. 단단한 나무를 쪼개서 판 한 장과 스톡(stock) 한 개를 만들었기 때문이다. 스키는 16세기 북유럽과 러시아 등지에서 군대의 교통수단으로 이용되면서 발전하기 시작했으며 스포츠로서 일반인에게 알려진 것은 19세기 이후의 일이다.

414

타이거 우즈라는 이름의 유래는?

한때 프로골프 세계에서 무적을 자랑하던 미국의 타이거 우즈. 그런데 그의 이름은 본명이 아니다. 본명은 엘드릭 우즈로, 그를 타이거 우즈라고 처음 부른 사람은 그의 아버지였다.

타이거의 아버지는 특수부대 그린베레 출신으로 베트남 전쟁에도 참가했다. 베트남 시절 아버지에게는 '타이거'라는 별명을 가진 단짝이 있었다. 그 단짝의 이름을 따서 아들을 '타이거'라고 부르게 되었다고 한다. 타이거 우

......
화이팅!
나이샷!
타이거우즈 팬클럽

즈가 유명해졌을 때 이름을 '엘드릭'에서 '타이거'로 바꾸려 한다는 소문이 돌기도 했는데, 지금도 본명은 엘드릭 우즈다.

이처럼 프로골프 선수들은 강한 닉네임을 활용하곤 한다. 잭 윌리엄 니클라우스를 상징하는 '골든 베어(Golden Bear, 황금곰)'는 그가 농구선수로 활약하던 오하이오 고등학교 농구팀 마스코트였다. 그렉 노먼의 닉네임은 '화이트 샤크(White Shark, 백상어)', 아널드 파머는 '더 킹(The King, 왕)', 최경주는 '탱크(Tank)'다.

지식을 쌓으려면 통째로, 조목조목!

잡학사전 통조림

1판 1쇄 발행 2022년 8월 8일
1판 6쇄 발행 2023년 2월 22일

지은이 엔사이클로넷
옮긴이 이정환
펴낸이 이재두
펴낸곳 사람과나무사이
등록번호 2014년 9월 23일(제2014-000177호)
주소 경기도 고양시 일산서구 강선로 142, 1701동 302호
전화 (031)815-7176 팩스 (031)601-6181
이메일 saram_namu@naver.com
일러스트 이강훈
표지디자인 박대성
본문디자인 유경희
인쇄·제작 도담프린팅
종이 아이피피(IPP)

ISBN 979-11-88635-68-9 03000

BURUSTA

BURUSTA